O CONFLITO DE INTERESSES E OUTROS ENSAIOS

Coleção von Mises
Edição Especial

01 - As Seis Lições: Reflexões sobre Política Econômica para Hoje e Amanhã
02 - O Contexto Histórico da Escola Austríaca de Economia
03 - O Conflito de Interesses e Outros Ensaios
04 - Lucros e Perdas
05 - O Cálculo Econômico em uma Comunidade Socialista
06 - Liberdade e Propriedade: Ensaios sobre o Poder das Ideias
07 - A Mentalidade Anticapitalista
08 - Sobre Moeda e Inflação: Uma Síntese de Diversas Palestras
09 - Caos Planejado: Intervencionismo, Socialismo, Fascismo e Nazismo
10 - Intervencionismo: Uma Análise Econômica

Ludwig von Mises

O CONFLITO DE INTERESSES E OUTROS ENSAIOS

Tradução de Marisa Motta
Prefácio à edição brasileira por Adriano Gianturco
Introdução à edição brasileira por Hans-Hermann Hoppe
Prefácio à edição norte-americana por Murray N. Rothbard
Posfácio à edição brasileira por Claudio A. Téllez-Zepeda

2ª Edição Revista

LVM
EDITORA

Impresso no Brasil, 2018

Título original: *The Clash of Group Interests and Other Essays*

Os direitos desta edição pertencem ao
Instituto Ludwig von Mises Brasil
Rua Leopoldo Couto de Magalhães Júnior, 1098, Cj. 46
04.542-001. São Paulo, SP, Brasil
Telefax: 55 (11) 3704-3782
contato@mises.org.br · www.mises.org.br

Editor Responsável | Alex Catharino
Curador da Coleção | Helio Beltrão
Tradução | Marisa Motta
Tradução da introdução | Claudio A. Téllez-Zepeda
Revisão ortográfica e gramatical | Carlos Nougué
Revisão da tradução | Márcia Xavier de Brito
Revisão técnica | Alex Catharino
Preparação de texto e Elaboração do índice remissivo | Alex Catharino & Márcio Scansani
Revisão final | Alex Catharino, Márcia Xavier de Brito & Márcio Scansani
Produção editorial | Alex Catharino
Capa e projeto gráfico | Rogério Salgado / Spress
Diagramação e editoração | Spress Diagramação
Pré-impressão e impressão | Geográfica

Dados Internacionais de Catalogação na Publicação (CIP)
Angélica Ilacqua CRB-8/7057

M678s
Mises, Ludwig von, 1881-1973
O conflito de interesses e outros ensaios/Ludwig von Mises; tradução de Marisa Motta; prefácio à ed. brasileira por Adriano Gianturco; introdução à ed. brasileira por Hans-Hermann Hoppe; prefácio à ed. norte-americana por Murray N. Rothbard; posfácio à ed. brasileira por Claudio A. Téllez-Zepeda. – 2ª. ed. – São Paulo: LVM, 2018.

176 p. (Coleção von Mises, Edição Especial, Volume 03)

ISBN: 978-85-93751-67-7
Título original: The Clash of Group Interests and Other Essays

1. Ciências sociais 2. Liberdade 3. Direito de propriedade 4. Socialismo 5. Capitalismo I. Título II. Motta, Marisa III. Gianturco, Adriano IV. Hoppe, Hans- Hermann V. Rothbard, Murray N. VI. Téllez-Zepeda, Claudio A.

18-2085 CDD 300
-330.1

Índices para catálogo sistemático:
1. Ciências sociais 300
2. Política econômica 330.1

O Conflito de Interesses e Outros Ensaios

Sumário

A presente versão em português da obra *O Conflito de Interesses e Outros Ensaios* de Ludwig von Mises (1881-1973) foi traduzida por Marisa Motta a partir da edição publicada em 2011 pelo Ludwig von Mises Institute, que por sua vez é a reimpressão da coletânea publicada originalmente em 1978 pelo Center for Libertarian Studies, com um prefácio de Murray N. Rothbard (1926-1995). O livro reúne quatro ensaios do economista austríaco que apareceram anteriormente em outras publicações.

O primeiro ensaio foi lançado originalmente em inglês com o título "The Clash of Group Interests" na coletânea *Approaches to National Unity* (Harper, 1945). Publicado em inglês como "The Myth of the Failure of Capitalism", em uma tradução de Jane E. Sanders, o segundo texto apareceu pela primeira vez em alemão como "Die Legende von Versagen des Kapitalismus" na coletânea *Der Internationale Kapitalismus*

Nota à 2ª Edição Brasileira

und die Krise: Festschrift fur Julius Wolf (Enke, 1932). O terceiro capítulo, traduzido para o inglês por Bettina Bien Greaves como "The Freedom to Move as an International Problem", foi impresso originalmente em alemão como "Freiziigigkeit als Internationales Problem" na edição do Natal de 1935 do periódico *Wiener Wirtschaftswoche*. O quarto e último ensaio, lançado em inglês como "Carl Menger and the Austrian School of Economics", em uma tradução de Albert Zlabinger, apareceu pela primeira vez em alemão como "Carl Menger und die osterreichische Schule der Nationalokonomie" no número de 29 e 30 de janeiro de 1929 do periódico *Neue Freie Presse*.

Nesta edição em português, além de manter o prefácio de Murray N. Rothbard escrito para a primeira edição norte-americana, foi acrescentada a tradução, feita por Claudio A. Téllez-Zepeda, de um texto introdutório de Hans-Hermann Hoppe, publicado originalmente em inglês na forma do artigo acadêmico "Marxist and Austrian Class

Analysis" no *The Journal of Libertarian Studies* (Volume IX, Number 2, Fall 1990). O prefácio de Adriano Gianturco e o posfácio de Claudio A. Téllez-Zepeda foram escritos com exclusividade para o presente volume. Algumas notas do tradutor foram acrescidas, as quais são especificadas como (N. T.). Acreditarmos ter sido necessário incluir algumas notas de rodapé, elaboradas por nós e devidamente sinalizadas como Notas do Editor (N. E.), com os objetivos de definir termos e conceitos, referendar determinadas citações ou afirmações, esclarecer o contexto histórico-cultural de algum fato ou personagem mencionado pelo autor e indicar a bibliografia de obras citadas ou oferecer estudos complementares. Por fim, um índice remissivo e onomástico foi acrescido, no qual, além de conceitos, são abarcados nomes próprios de pessoas, locais e instituições, facilitando o trabalho de pesquisadores. Em relação à primeira edição em brochura esta segunda edição brasileira possuiu como diferenças somente o formato em capa dura e algumas pequenas revisões.

Não poderíamos deixar de expressar aqui, em nome de toda a equipe do IMB e da LVM, o apoio inestimável que obtivemos ao longo da elaboração da presente edição de inúmeras pessoas, dentre as quais destaco os nomes de Llewellyn H. Rockwell Jr., Joseph T. Salerno e Judy Thommesen do Ludwig von Mises Institute.

Alex Catharino
Editor Responsável

As guerras não constitutem uma oposição às doutrinas atuais. Na verdade, são o resultado lógico dessas doutrinas.

Dr. Ludwig Edler von Mises

Há obras que saem de moda porque não têm mais nada a dizer e há outras que saem de moda porque a ciência seguiu por uma direção errada. O livro *O Conflito de Interesses e Outros Ensaios* pertence, com certeza, ao segundo tipo. Trata-se de uma coletânea de quatro ensaios escritos entre 1929 e 1945, publicados de maneira póstuma em um único volume no ano de 1978 e que ainda tem muito a ensinar sobre luta de classes, conflito social e cooperação econômica.

Neste livro, Ludwig von Mises (1881-1973) refuta a teoria marxista da luta de classes e expõe uma sofisticada visão liberal do conflito social. O autor rejeita todos os tipos de coletivismo e de "doutrinas do conflito", seja aquela que divide as pessoas em nações (nacionalismo), em raças (racismo) ou em classes (marxismo). Os coletivismos em geral, e o marxismo em particular, acreditam que os indivíduos se

Prefácio à Edição Brasileira

Adriano Gianturco

encontram inerentemente em conflito e que a harmonia e cooperação são impossíveis. O que muda é só o motivo do conflito. Se a colaboração e a paz são impossíveis, a única via é a luta, onde alguém tem que ganhar e alguém tem que perder. É um jogo de soma zero. "*Onde as únicas relações entre os homens são as dirigidas ao mútuo detrimento, não existem sociedade nem relações sociais*"[1], o que existe é antissociedade. Desta forma, como observa ironicamente Mises, não deveríamos concordar nem sobre questões de matemática ou de ciências sociais, e a compreensão e comunicação seriam impossíveis.

Ao contrário, Mises mostra que as tensões e os conflitos que muitas vezes enxergamos estão longe de ser naturais e inelutáveis. São o fruto da intervenção compulsória, do desvio do andamento normal das

[1] MISES, Ludwig von. *Ação Humana: Um Tratado de Economia*. Trad. Donald Stewart Jr. São Paulo: Instituto Ludwig von Mises Brasil, 2010. p. 211.

coisas. Uma sociedade livre é o lugar onde os interesses se alinham, onde o interesse do empreendedor é servir ao consumidor. O capitalismo é o sistema que, pela primeira vez na história, pôs no centro o homem comum; no qual sua vida não depende de patrícios, nobres, soldados, sacerdotes e políticos, mas de como ele serve aos demais de maneira voluntária e pacífica.

O autor austríaco mostra, ainda, que há, sim, classes, mas que estão longe de ser classes econômicas (no sentido marxista). Trata-se de classes divididas pelo poder político, por quem manda e quem obedece. Mises fala em "castas" e se insere, desta forma, na antiga tradição da *Teoria Liberal da Luta de Classes* de Charles Dunoyer (1786-1862), John C. Calhoun (1782-1850), Benjamin Constant (1767-1830), Frédéric Bastiat (1801-1850), Gustave de Molinari (1819-1912), Franz Oppenheimer (1864-1943), da Escola Elitista Italiana de Gaetano Mosca (1858-1941), Vilfredo Pareto (1848-1923) e Rober Michels (1876-1936) e do Realismo Europeu de Julien Freund (1921-1993), Carl Schmitt (1888-1985) e Gianfranco Miglio (1918-2001). Ecoa a definição de Estado de Bastiat como o meio no qual todos vivem às custas de todos, quando Mises fala que *"quando todos os grupos usufruem de privilégios, só os que têm privilégios bem maiores do que outros grupos se beneficiam dessas vantagens"*[2].

Nesta linha de pensamento, o elitista Robert Michels, por exemplo, mostra que há uma *Lei de Ferro da Oligarquia*, pela qual se pode prever que, em qualquer organização social,

---

[2] Na presente edição, ver: "O Conflito de Interesses entre Diferentes Grupos Sociais". p. 71. (N. E.)

tende a se criar uma elite, que irá se dedicar a manter o poder e que geralmente consegue, pois dispõe das armas e dos privilégios próprios do cargo. Pareto é famoso pela *Teoria da Circulação das Elites*, por meio da qual mostra que as elites são diversas e dinâmicas. Duas visões que se sintetizam na frase de Mises: "*As castas privilegiadas querem conquistar novos privilégios e manter os antigos. Por sua vez, as castas menos favorecidas esforçam-se para eliminar suas restrições*"[3].

Eis o cerne do livro que não está mais alinhado com os tempos. Hoje, a Ciência Política e a Teoria Social do *mainstream* nem lidam mais com a ideia de que a política possa intrinsicamente criar conflito, que possa dividir entre quem manda e quem obedece. O mantra atual é a "representação", a "delegação". As influências americanas, *radicals* de Charles Wright Mills (1916-1962) e "democráticas" de Harold Laswell (1902-1978), Gabriel Almond (1911-2002) e Giovanni Sartori mudaram o rumo da ciência. Desta forma, a Escola Elitista Italiana foi o pilar de fundação da Ciência Política, tendo sido a abordagem principal por várias décadas, mas que se encontra, hoje, em um território de quase esquecimento. Os elitistas enxergavam a política como um processo compulsório, de cima para baixo. Agora se reconhece que há algum tipo de elite, que alguém tem mais poder, mas parece que, no fim das contas, fomos nós que escolhemos, somos nós que queremos assim. As elites representam o povo, representam algo além dos próprios interesses particulares. É aquilo que Bruno Leoni (1913-1967) chama de "mito da representação", algo

[3] Idem. *Ibidem*. p. 70. (N. E.)

que o próprio Ludwig von Mises parece criticar. Uma boa vestimenta para legitimar o *status quo*, mas longe de ser uma teoria científica descritiva.

As convergências entre Escola Austríaca, a Escola Elitista e o Realismo são interessantes e precisariam ser mais estudadas. Carlo Lottieri faz uma ótima análise dessas relações e fala de "elitistas clássicos" e "elitistas libertários"[4]. Do ponto de vista descritivo, as duas vertentes concordam, e a segunda chega a colocar em discussão a existência dessas elites imaginando um mundo regido só por regras voluntárias. Neste sentido, Murray N. Rothbard (1926-1995) foi obviamente influenciado por Mises e pelos anarquistas americanos, ficando depois entre os elitistas libertários. Pareto, por exemplo, foi fortemente influenciado por dois protoaustríacos, Bastiat e Molinari, mas está entre os clássicos, pois defende algum tipo de controle estatal, assim como Mises, que nunca chega a colocar em discussão explicitamente o Estado.

Mises, o autor da famosa frase *"ideias, e somente ideias, podem iluminar a escuridão"* é bem consciente do papel das ideias. Notando que "*No início da construção das ferrovias, os cocheiros das carruagens não ousaram opor reação a esse novo concorrente. A opinião pública tornaria essa luta competitiva em um esforço inútil. Mas hoje os produtores de manteiga estão lutando com sucesso contra os fabricantes de margarina e os músicos lutam para sobreviver na indústria fonográfica*"[5], o autor

---

[4] LOTTIERI, Carlo. "Il punto d'incontro tra Rothbard e gli elitisti". *Studi Perugini*, Volume IV, Numero 8 (1999).

[5] Na presente edição, ver: "O Conflito de Interesses entre Diferentes Grupos Sociais". p. 76. (N. E.)

considera que a aceitação ou não de uma inovação na sociedade não é só função do quanto ela cria bem-estar, do ponto de vista real, mas também de como é percebida e do quão legítimo é o protesto.

Ainda, o utilitarista Mises, que defende uma abordagem de neutralidade axiológica e consequencialista da ciência econômica, nota também que a importância do ensino da economia reside em seus valores utilitaristas, nos princípios e que "*a vitória parcial dessa filosofia resultou nas realizações econômicas e políticas maravilhosas do capitalismo moderno*"[6]. E ainda: "*o fundamento científico da ética utilitarista baseava-se nos ensinamentos da economia. A ética utilitarista obedecia às regras econômicas*"[7].

No segundo capítulo, Ludwig von Mises trata a questão da desigualdade e segrega implicitamente os defensores da igualdade dos defensores da liberdade. De um lado, aqueles que acreditam que os homens nascem iguais em direitos e liberdades, mas também em talentos. Se todos os homens são iguais, então as evidentes diferenças atuais devem decorrer de algum tipo de desvio artificial, das pressões sociais, das injustiças, da sociedade, das convenções sociais, do sistema econômico, do capitalismo. A recente volta da onda do feminismo-neomarxista de Simone de Beauvoir (1908-1986), a ideia de que tudo é uma convenção social, a ideia de que os gêneros derivam de pressões sociais machistas, de que o sistema econômico e político repercute o patriarcado, está integralmente aqui, na crítica de Mises. Não há nada de novo sob

---

[6] Idem. *Ibidem.*, p. 80.

[7] Idem. *Ibidem.*, p. 80.

o Sol; a essência dos fenômenos sociais é sempre a mesma, o que muda é a forma emergente, como diria o austríaco.

Se todos os homens são iguais, o sucesso de alguns deve ser devido à fraude, à exploração, ao uso da força do homem sobre do homem, à avareza, à persuasão, à propaganda, ao consumismo induzido. O homem é puro, o bom selvagem tem bom gosto e é saudável, é o capitalismo que o corrompe, é o consumismo que massifica, que transmite o mau gosto, que leva a um consumismo danoso para a própria saúde. Conforme Israel M. Kirzner, culpar o capitalismo pelos gostos e pelos hábitos dos consumidores é como culpar o garçom pela dieta do cliente. Se não fosse por isso, o homem médio atingiria o nível de um Aristóteles (384-322 a.C.), Johann Wolfgang von Goethe (1749-1832) ou Karl Marx (1818-1883), de acordo com Leon Trotsky (1879-1940). Quando o capitalismo colapsar, entraremos na sociedade socialista e se criará o *homem novo* de Vladimir Lenin (1870-1924), claro. Até lá, temos que substituir este sistema, consumista e capitalista, por outro de redistribuição igualitária, que replique a condição de igualdade pura e permita um desenvolvimento, agora sim, mais natural. Temos que substituir o que Mises chama de o "obrigado" e o "volte sempre" do garçom pelas ordens do *big brother*. Como diz Luciano Pellicani, *"os portadores de carisma se tornam os senhores da economia"*, *"o* Homo burocraticus *se transforma no empreendedor universal e no alocador único e exclusivo dos recursos"*[8].

[8] PELLICANI, Luciano. *Rivoluzione e Totalitarismo*. Lungro di Cosenza: Marco Editore, 2004. p. 122.

Por outro lado, há os teóricos da diversidade, os que reconhecem que os indivíduos nascem diferentes em talentos – até Jean-Jacques Rousseau (1712-1778)[9] e Karl Marx –, mas que, claro, são iguais perante a lei em termos de direitos e liberdades, pois direitos e liberdades não são dados pela legislação. São, na verdade, direitos individuais naturais e inalienáveis. Nesta perspectiva, os mais hábeis, com as armas e com a palavra, sempre subjugaram os demais, impondo-se e se legitimando. As elites de sacerdotes, soldados e governantes fizeram isso por milhares de anos sob os nomes de xamãs, faraós, anciões, sábios, príncipes, guardiões, patrícios, os escolhidos, o sangue azul etc. São as sociedades de *status*, hierárquicas e estáticas. Ao contrário, no capitalismo moderno, até os mais talentosos precisam satisfazer o cliente, servir ao outro. É o consumidor quem manda, é a massa que conta, é um sistema *bottom-up* (de baixo para cima) e não *top-down* (de cima para baixo). É único sistema do mundo que incentiva o homem da elite a servir o homem comum.

Esta é uma pequena obra que trata duas importantes questões: o conflito social e a desigualdade. São temas antigos e do futuro ao mesmo tempo. Nunca se terminará de falar a respeito. Muito já foi dito e muito ainda será dito. Talvez seja importante ler os clássicos antes de se tentar dizer algo inovador, tanto para evitar se desiludir notando que não descobrimos nada de original, quanto para subir nos ombros de gigantes e enxergar mais longe.

[9] Em *O Contrato Social*, Rousseau fala explicitamente, diversas vezes, que existe, sim, uma "desigualdade natural".

Neste trabalho, desejo fazer o seguinte: em primeiro lugar, apresentar as teses que constituem o núcleo duro da Teoria Marxista da História. Afirmo que todas elas estão, em essência, corretas. A seguir, mostrarei como essas teses verdadeiras derivam, no marxismo, de um ponto de partida falso. Finalmente, demonstrarei como a perspectiva austríaca, na tradição de Ludwig von Mises (1881-1973) e de Murray N. Rothbard (1926-1995) pode proporcionar uma explicação correta de sua validade, embora categoricamente distinta.

* Publicado originalmente em inglês como: HOPPE, Hans-Hermann. "Marxist and Austrian Class Analysis". *The Journal of Libertarian Studies*, Volume IX, Number 2 (Fall 1990): 79-93.

Apresentação à Edição Brasileira

A Análise de Classes Marxista e Austríaca*

Hans-Hermann Hoppe

Começarei com o núcleo duro do sistema de crenças do marxismo[1]:

[1] Ver, a respeito do que se segue: MARX, Karl & ENGELS, Friedrich. *The Communist Manifesto*. New York: International Publishers, 1948 [1848]; MARX, Karl. *Das Kapital: Kritik der politischen Ökonomie – Erster Band. Buch I: Der Produktionsprozeß des Kapitals*. Berlin: Dietz Verlag, 1962 [1867]; MARX, Karl. *Das Kapital: Kritik der politischen Ökonomie – Zweiter Band. Buch II: Der Zirkulationsprozeß des Kapitals*. Berlin: Dietz Verlag, 1963 [1885]; MARX, Karl. *Das Kapital: Kritik der politischen Ökonomie – Dritter Band. Buch III: Der Gesamtprozeß der kapitalistischen Produktion*. Berlin: Dietz Verlag, 1964 [1894]. Para os marxistas contemporâneos, ver: MANDEL, Ernest. *Marxist Economic Theory*. London: Merlin, 1962; MANDEL, Ernest. *Late Capitalism*. London: New Left Books, 1985; BARAN, Paul A. & SWEEZY, Paul. *Monopoly Capital*. New York: Monthly Review Press, 1966. Para uma perspectiva não-marxista, ver: KOLAKOWSKI, Leszek. *Main Currents of Marxism: The Founders*. Oxford: Clarendon Press, 1978; KOLAKOWSKI, Leszek. *Main Currents of Marxism: The Golden Age*. Oxford: Clarendon Press, 1978; KOLAKOWSKI, Leszek. *Main Currents of Marxism: The Breakdown*. Oxford: Clarendon Press, 1978; WETTER, Gustav A. *Sowjetideologie heute – Band I: Dialektischer und historischer Materialismus*. Frankfurt: Fischer, 1962; WETTER, Gustav A. *Sowjetideologie heute – Band II: Die politischen Lehren*. Frankfurt: Fischer, 1962.

1) *"A história da humanidade é a história da luta de classes"*[2]. Trata-se da história das lutas entre uma classe dominante relativamente pequena e uma grande classe de explorados. A principal forma de exploração é econômica: a classe dominante expropria parte da produção dos explorados ou, conforme dizem os marxistas, *"apropria-se de um produto social excedente"* e o utiliza para seus próprios propósitos de utilização de recursos.

2) A classe dominante se encontra unida pelo seu interesse comum em defender sua posição de exploração e maximizar seu produto excedente apropriado por intermédio da exploração. Jamais abre mão, deliberadamente, do poder ou da renda decorrente da exploração. Em vez disso, qualquer perda de poder ou renda deve ser afastada por meio da luta, cujo resultado dependerá, em última análise, da consciência de classe dos explorados, isto é, de se ou em que medida os explorados têm consciência de sua própria condição e de se estão conscientemente unidos com outros membros da classe em oposição comum à exploração.

3) A dominância de classe se manifesta principalmente em arranjos específicos com relação à atribuição de direitos de propriedade, ou, na terminologia marxista, em "relações de produção" específicas. Para proteger esses arranjos ou relações de produção, a classe dominante

[2] MARX & ENGELS. *The Communist Manifesto*. *Op. cit.*, Section 1.

forma e comanda o Estado como dispositivo de compulsão e coerção. O Estado obriga a obedecer e ajuda a reproduzir uma dada estrutura de classes por intermédio da administração de um sistema de "justiça de classe", além de auxiliar na criação e apoio de uma superestrutura ideológica desenvolvida para fornecer legitimidade à existência da classe dominante.

4) Internamente, o processo de competição interno à classe dominante gera tendência à maior concentração e centralização. Um sistema multipolar de exploração é gradualmente substituído por outro oligárquico ou monopolista. Cada vez menos centros de exploração permanecem em funcionamento, e aqueles que o fazem se tornam cada vez mais integrados a uma ordem hierárquica. Externamente, por exemplo, dentro do sistema internacional, esse processo de centralização interna conduzirá (de maneira mais intensa quanto mais avançado for) a guerras imperialistas interestatais e à expansão territorial da ordem de exploração.

5) Finalmente, com a centralização e expansão da ordem de exploração aproximando-se gradualmente de seu limite final de dominação mundial, o domínio de classes tornar-se-á cada vez mais incompatível com o maior desenvolvimento e aprimoramento das *"forças produtivas"*. A estagnação econômica e as crises se tornam cada vez mais características e criam as *"condições objetivas"* para a emergência de uma consciência de classe revolucionária

dos explorados. A situação se torna propícia para o estabelecimento de uma comunidade sem classes, o *"esfacelamento do Estado"*, *"a substituição do governo dos homens sobre os homens por uma administração das coisas"*[3] e, como resultado, prosperidade econômica jamais vista.

Conforme demonstrarei, todas essas teses são perfeitamente justificáveis. Infelizmente, contudo, tem sido justamente o marxismo, que subscreve todas elas, que conseguiu, mais do que qualquer outro sistema ideológico, desacreditar sua validade ao derivá-las a partir de uma teoria da exploração claramente absurda.

O que é a teoria da exploração marxista? De acordo com Karl Marx (1818-1883), sistemas sociais pré-capitalistas tais como a escravidão e o feudalismo se caracterizam pela exploração. Não temos nada a dizer contra isso. Afinal de contas, o escravo não é um trabalhador livre e não se pode dizer que se beneficia por ter sido escravizado. Na verdade, sua escravização reduz sua utilidade de maneira correspondente a um aumento na riqueza apropriada pelo seu senhor. Os interesses do escravo e do seu proprietário são, de fato, antagônicos. O mesmo vale para os interesses do senhor feudal que extrai rendimentos da terra do camponês que trabalha em terras

---

[3] MARX & ENGELS. *The Communist Manifesto*. *Op. cit.*, Section 1, dois últimos parágrafos. ENGELS, Friedrich. Von der Autoritaet. In: MARX, Karl & ENGELS, Friedrich. *Ausgewaehlte Schriften*. East Berlin: Dietz, 1953. Vol. 1, p. 606; ENGELS, Friedrich. Die Entwicklung des Sozialismus von der Utopie zur Wissenschaft. In: MARX & ENGELS. *Ausgewaehlte Schriften*. *Op. cit.*, Vol. 2, p. 139.

previamente apropriadas[4]. Os ganhos do senhor feudal correspondem às perdas do camponês. Também não se disputa que a escravidão, assim como o feudalismo, prejudica o desenvolvimento das forças produtivas. Nem o escravo, nem o servo são tão produtivos quanto seriam sem a escravidão ou a servidão.

Entretanto, a ideia marxista genuinamente nova é que essencialmente nada mudou com respeito à exploração sob o capitalismo, ou seja, se o escravo se torna um trabalhador livre, ou se o camponês decide trabalhar a terra de outra pessoa e paga um aluguel por isso. Sem dúvida, no famoso capítulo vigésimo-quarto do primeiro volume de sua obra *Das Kapital* [*O Capital*], intitulado "A Assim Chamada Acumulação Primitiva", o autor proporciona uma abordagem histórica da emergência do capitalismo na qual argumenta que muito ou mesmo a maior parte da propriedade capitalista inicial resultou de pilhagens, cercamentos e conquistas. De maneira semelhante, no capítulo vinte e cinco, "A Teoria Moderna da Colonização"[5], o papel da força e da violência na exportação do capitalismo para o – que agora chamamos de – Terceiro Mundo é fortemente enfatizado. De modo notório, tudo isto está, em geral, correto, e nessa medida não pode haver disputa quanto a rotular esse capitalismo como explorador. Entretanto, precisamos estar cientes do fato de que Marx está

---

[4] O termo em inglês, *homesteaded land*, refere-se a *homesteading* como "apropriação original". (N. T.)

[5] Sigo os títulos dos capítulos de acordo com a edição brasileira: MARX, Karl. *O Capital: Crítica da Economia Política. Livro I – O Processo de Produção do Capital.* Trad. Rubens Enderle. São Paulo: Boitempo, 2013. (N. T.)

realizando um truque. Ao empreender investigações históricas e instigar a indignação do leitor com respeito às brutalidades subjacentes à formação de muitas fortunas capitalistas, na verdade ele se esquiva do tema em questão, fugindo do fato de que sua tese é algo completamente diferente: a saber, que mesmo sob o capitalismo "limpo", por assim dizer, isto é, um sistema no qual a apropriação originária do capital não resultou de nada além da apropriação original, trabalho e poupanças, o capitalista que contrata trabalho para fazer uso deste capital estaria, de qualquer modo, envolvido na exploração. De fato, Marx considerava a prova dessa tese como sua contribuição mais importante à análise econômica.

Sua demonstração do caráter de exploração do capitalismo limpo consiste na observação de que os preços dos fatores, em particular os salários pagos aos trabalhadores pelo capitalista, são menores do que os preços dos produtos. O trabalhador, por exemplo, recebe um salário que corresponde aos bens de consumo que podem ser produzidos em três dias, mas na verdade trabalha durante cinco dias para receber seu salário e produz bens de consumo que excedem aquilo que recebe como remuneração. O produto desses dois dias adicionais, a mais-valia de acordo com a terminologia marxista, é apropriada pelo capitalista. Assim, de acordo com Marx, há exploração[6].

---

[6] Ver: MARX. *Das Kapital*, Erster Band. A apresentação mais breve se encontra em: Marx, Karl. *Value, Price, and Profit: Addressed to Working Men*. London: Swan Sonnenschein, 1898 [1865]. Na realidade, para comprovar a tese marxista mais específica de que somente o proprietário dos serviços de trabalho é explorado (porém não o proprietário do outro fator originário de produção: a terra), um

O que há de errado com esta análise[7]? A resposta se torna óbvia uma vez que se faz a pergunta de por quê o trabalhador possivelmente concordaria com em eliminar arranjo de coisas! Ele concorda porque o salário que recebe representa bens no presente – ao passo que seus próprios serviços de trabalho representam somente bens futuros – e valoriza mais os bens no presente. Afinal de contas, ele também poderia

---

argumento a mais seria necessário. Pois se fosse verdade que a discrepância entre os preços dos fatores e dos produtos constitui uma relação de exploração, isto mostraria apenas que o capitalista que aluga serviços de trabalho do proprietário de um trabalho, e serviços de terra de um proprietário de terras, exploraria ou o trabalho, ou a terra, ou o trabalho e a terra simultaneamente. Supõe-se, obviamente, que a teoria do valor-trabalho proporciona a ligação que falta aqui, ao tentar estabelecer o trabalho como a única fonte de valor. Poupar-me-ei do trabalho de refutar essa teoria. Hoje em dia restam poucos, mesmo entre aqueles que se afirmam como marxistas, que não reconhecem os defeitos da teoria do valor-trabalho. Em vez disso, em prol do argumento aceitarei a sugestão feita, por exemplo, pelo autoproclamado "marxista analítico" John Roemer em: ROEMER, John. *A General Theory of Exploitation and Class*. Cambridge: Harvard University Press, 1982; ROEMER, John. *Value, Exploitation and Class*. London: Harwood Academic Publisherd, 1982. Segundo esse autor, a teoria da exploração pode ser separada, analiticamente, da teoria do valor-trabalho; e uma "teoria generalizada da exploração das mercadorias" pode ser formulada, a qual pode ser justificada independentemente da veracidade ou falsidade da teoria do valor-trabalho. Desejo demonstrar que a teoria marxista da exploração não faz sentido mesmo se pudéssemos conceder a seus oponentes que não precisem provar a teoria do valor-trabalho e, de fato, mesmo se a teoria do valor-trabalho fosse verdadeira. Inclusive uma teoria generalizada da exploração das mercadorias não proporciona escapatória da conclusão de que a teoria marxista da exploração está completamente equivocada.

[7] A respeito do que segue, ver: BÖHM-BAWERK, Eugen von. *The Exploitation Theory of Socialism-Communism*. South Holland: Libertarian Press, 1962. [Disponível em português como: BÖHM-BAWERK, Eugen von. *A Teoria da Exploração do Socialismo Comunismo*. Pref. Hans F. Sennholz; trad. Lya Luft. São Paulo: Instituto Ludwig von Mises Brasil, 2ª ed., 2010. (N. T.)].

decidir não vender seus serviços de trabalho para o capitalista e, dessa maneira, colher o "valor total" de seu produto para si. Entretanto, obviamente isso sugeriria que precisaria esperar mais até que os bens de consumo se tornem disponíveis para ele. Ao vender seus serviços de trabalho, demonstra que prefere uma quantidade menor de bens de consumo agora em vez de uma quantidade possivelmente maior em alguma data futura. Por outro lado, por que o capitalista deseja chegar a um acordo com o trabalhador? Por que iria querer entregar bens presentes (dinheiro) ao trabalhador em troca de serviços que trarão frutos somente mais tarde? Obviamente, ele não estaria disposto a pagar, por exemplo, 100 dólares agora, caso fosse receber a mesma quantia daqui a um ano. Nesse caso, por que simplesmente não guardar esse dinheiro durante um ano e receber o benefício adicional de ter domínio real sobre ele durante todo esse tempo? Em vez disso, deve esperar receber uma quantia maior do que 100 dólares no futuro para que possa abrir mão de 100 dólares agora na forma de salários pagos aos trabalhadores. Deve esperar ser capaz de obter um lucro, ou, mais corretamente, um retorno de juros. Ademais, encontra-se constrangido pela preferência temporal (ou seja, pelo fato de que um agente prefere, invariavelmente, bens mais cedo do que mais tarde) de outra forma adicional. Pois se é possível obter uma quantidade maior no futuro mediante o sacrifício de uma quantia menor no presente, então por que o capitalista não poupa mais do que realmente faz? Por que não contrata mais trabalhadores, se cada um deles promete um retorno de juros adicional? A resposta, mais uma vez, é óbvia: porque o capitalista também é um consumidor e não pode deixar de sê-lo. A quantidade de sua poupança e investimento é constrangida por sua necessidade, tal como o trabalhador, de um fornecimento de bens presentes "*grande o suficiente para garantir a satisfação de todos aqueles desejos cuja satisfação, durante o período de espera, seja considerada mais urgente do que as vantagens que o prolongamento ainda maior do período de produção seria capaz de proporcionar*"[8].

O que está errado com a teoria marxista da exploração, portanto, é que não concebe o fenômeno da preferência temporal como uma categoria universal da ação humana[9]. O fato de que o trabalhador não recebe seu "valor total" não tem nada a ver com a exploração, mas meramente reflete o fato de que é impossível, para o homem, intercambiar bens presentes e bens futuros, a não ser por intermédio de um desconto. Diferente do caso do escravo e do senhor, em que este último se beneficia às custas do primeiro, o relacionamento entre o trabalhador livre e o capitalista é de benefício mútuo. O trabalhador entra em acordo já que, dada sua preferência temporal, prefere uma quantidade menor de bens presentes em vez de uma quantidade maior no futuro; e o capitalista entra nesse acordo pois, dada sua preferência temporal, possui uma ordem de preferência inversa e valoriza mais uma quantidade

---

[8] MISES, Ludwig von. *Human Action: A Treatise on Economics*. Chicago: Regnery, 1966. p. 407. [Disponível em português como: MISES, Ludwig von. *Ação Humana: Um Tratado de Economia*. Trad. Donald Stewart Jr. São Paulo: Instituto Ludwig von Mises Brasil, 3ª Ed., 2010. (N. T.)]. Ver, também: ROTHBARD, Murray N. *Man, Economy and State*. Los Angeles: Nash, 1970. p. 300-01.

[9] A respeito da teoria da preferência temporal dos juros, ver também, além das obras citadas nas notas 7 e 8: FETTER, Frank. *Capital, Interest and Rent*. Kansas City: Sheed Andrews and McMeel, 1977.

maior de bens futuros do que uma quantidade menor no presente. Seus interesses não são antagônicos, mas sim harmoniosos. Sem a expectativa do capitalista de um retorno de juros, o trabalhador ficaria em situação pior, pois precisaria esperar mais do que deseja esperar; e, sem a preferência do trabalhador por bens presentes, o capitalista estaria pior, pois precisaria recorrer a métodos de produção menos indiretos e menos eficientes do que aqueles que deseja adotar. Tampouco o sistema capitalista de salários pode ser considerado um impedimento ao maior desenvolvimento das forças de produção, conforme Marx afirma. Se o trabalhador não pudesse vender seus serviços de trabalho para o capitalista, a produção não seria maior, e sim menor, porque a produção precisaria ocorrer com níveis relativamente reduzidos de acumulação de capital.

Sob um sistema de produção socializada, totalmente ao contrário das afirmações de Marx, o desenvolvimento das forças produtivas não alcançaria novos recordes; em vez disso, afundaria de maneira dramática[10]. Pois, obviamente, a acumulação de capital deve partir de indivíduos determinados em pontos específicos do espaço e do tempo, por meio da apropriação original, produção e/ou poupança. Em cada

---

[10] A respeito do que segue, ver: HOPPE, Hans-Hermann. *Theory of Socialism and Capitalism*. Boston: Kluwer, 1988 [A obra está disponível em língua portuguesa na seguinte edição: HOPPE, Hans-Hermann. *Uma Teoria do Socialismo e do Capitalismo*. Pref. Stephan Kinsella; Trad. Bruno Garschagen. Instituto Ludwig von Mises Brasil, 2ª ed., 2013. (N. E.)]; HOPPE, Hans-Hermann. "Why Socialism Must Fail". *Free Market* (July 1988); HOPPE, Hans-Hermann. "The Economics and Sociology of Taxation". In: ROCKWELL, Lew (Ed.). *Taxation: An Austrian View*. Auburn: Mises Institute, 1990.

caso, tal acumulação ocorre com a expectativa de que conduzirá a um aumento da produção de bens futuros. O valor que um ator atribui a seu capital reflete o valor que atribui a todos os rendimentos futuros associados à sua contribuição, descontado de sua taxa de preferência temporal. Se, tal como no caso da propriedade coletiva dos fatores de produção, um ator não pode mais garantir o controle exclusivo de seu capital acumulado e — portanto, dos rendimentos futuros que decorreriam de seu emprego — e, em vez disso, um controle parcial for atribuído a não-apropriadores originais, não-produtores e não-poupadores, então, para ele, o valor do rendimento esperado, assim como o dos bens de capital, é reduzido. Sua taxa efetiva de preferência temporal irá aumentar. Haverá menos apropriação original de recursos, cuja escassez será reconhecida, e menos poupança para a manutenção dos bens de capital que já existem e para a produção de novos bens de capital. O período de produção e o caráter indireto da estrutura produtiva serão diminuídos, e o resultado será o empobrecimento relativo.

Se a teoria de Marx da exploração capitalista e suas ideias acerca de como acabar com a exploração e estabelecer a prosperidade universal são falsas a ponto do ridículo, está claro que qualquer teoria da história que possa ser derivada dessas ideias deverá ser falsa também. Ou, caso fosse correta, teria sido derivada de maneira equivocada. Em vez de empreender a longa tarefa de explicar todas as deficiências no argumento marxista, desde o começo com a teoria da exploração capitalista até o final com a teoria da história que descrevi anteriormente, tomarei um atalho. Esboçarei agora, da maneira mais breve possível, a teoria da exploração correta - austríaca, misesiana-rothbardiana; darei uma pincelada explicativa acerca de como essa teoria faz sentido independentemente da teoria de classes da história; e, ao longo do percurso, enfatizarei algumas diferenças cruciais entre esta teoria de classes e a marxista, além de apontar algumas afinidades intelectuais entre os austríacos e os marxistas que decorrem da convicção comum de que realmente existe algo que pode ser chamado de exploração e de classe dominante[11].

---

[11] As contribuições de Mises à teoria da exploração e das classes não são sistemáticas. Entretanto, ao longo de suas obras, apresenta interpretações sociológicas e históricas que são análises de classe, mesmo que implicitamente. Aqui, vale a pena observar, em particular, sua análise precisa da colaboração entre o governo e a elite bancária na destruição do padrão-ouro, com o objetivo de incrementar seus poderes inflacionários como meio fraudulento e explorador para a redistribuição de renda e riqueza, em benefício próprio. Ver, por exemplo: MISES, Ludwig von. "Monetary Stabilization and Cyclical Policy" [1928]. In: MISES, Ludwig von. *On the Manipulation of Money and Credit*. Edited by B. Greaves. Dobbs Ferry: Free Market Books, 1978. Ver, também: MISES, Ludwig von. *Socialism: An Economic and Sociological Analysis*. Pref. F. A. Hayek; trad. J. Kahane. Indianapolis: Liberty Fund, 1992. (Em particular, o capítulo 20); MISES, Ludwig von. *The Clash of Group Interests and Other Essays*. New York: Center for Libertarian Studies, 1978. Ainda assim, Mises não confere um *status* sistemático à análise de classes e à teoria da exploração porque, em última apreciação, interpreta equivocadamente a exploração como um mero erro intelectual, que o raciocínio econômico correto pode sanar. Ele fracassa em reconhecer por completo que a exploração também é, provavelmente em princípio, um problema moral-motivacional que existe a despeito de todo o raciocínio econômico. Rothbard acrescenta essa percepção à estrutura misesiana da Economia Austríaca e integra a análise do poder e das elites no poder à teoria econômica e às explicações historico-sociológicas; ademais, expande sistematicamente o argumento austríaco contra a exploração ao incluir a ética em acréscimo à teoria econômica, ou seja, uma teoria da justiça juntamente com uma teoria da eficiência, de modo que a classe dominante também possa ser acusada de imoral. Para a teoria do poder, classes e exploração de Rothbard, ver

O ponto de partida para a teoria austríaca da exploração é direto e simples, tal como deve ser. Na verdade, já foi estabelecido por intermédio da análise da teoria marxista: a exploração caracterizada pela relação entre escravo e senhor, e entre servo e senhor feudal. Mas não considera a exploração como possível sob um capitalismo limpo. Qual é a diferença

---

em particular sua obra: ROTHBARD, Murray N. *Power and Market*. Kansas City: Sheed Andrews and McMeel, 1977 [Lançado em português como: ROTHBARD, Murray N. *Governo e Mercado: A Economia da Intervenção Estatal*. Pref. Edward P. Stringham; trad. Márcia Xavier de Brito e Alessandra Lass. São Paulo: Instituto Ludwig von Mises Brasil, 2012. (N. E.)]; ROTHBARD, Murray N. *For a New Liberty: The Libertarian Manifesto*. New York: McMillan, 1978 [Disponível em língua portuguesa como: ROTHBARD, Murray N. *Por Uma Nova Liberdade: O Manifesto Libertário*. Intro. Llewellyn H. Rockwell, Jr.; trad. Rafael de Sales Azevedo. São Paulo: Instituto Ludwig von Mises Brasil, 2013. (N. E.)]; ROTHBARD, Murray N. *The Mystery of Banking*. New York: Richardson and Snyder, 1983; ROTHBARD, Murray N. *America's Great Depression*. Kansas City: Sheed and Ward, 1975 [Em português, ver: ROTHBARD, Murray, N. *A Grande Depressão Americana*. Intr. Paul Johnson; trad. Pedro Sette-Câmara. São Paulo: Instituto Ludwig von Mises Brasil, 2012. (N. E.)]. A respeito dos importantes precursores da análise de classes austríaca no século XIX, ver: LIGGIO, Leonard. "Charles Dunoyer and French Classical Liberalism". *Journal of Libertarian Studies,* Volume 1, Number 3 (Summer 1977): 153-78; RAICO, Ralph. "Classical Liberal Exploitation Theory: A Comment on Professor Liggio's Paper". *Journal of Libertarian Studies*, Volume 1, Number 3 (Summer 1977): 179-83; WEINBURG, Mark. "The Social Analysis of Three Early 19th Century French Liberals: Say, Comte, and Dunoyer". *Journal of Libertarian Studies*, Volume 2, Number 1 (Winter 1978): 45-63; SALERNO, Joseph T. "Comment on the French Liberal School". *Journal of Libertarian Studies*, Volume 2, Number 1 (Winter 1978): 65-68; HART, David M. "Gustave de Molinari and the Anti-Statist Liberal Tradition – Part 1". *Journal of Libertarian Studies*, Volume 5, Number 3 (Summer 1981): 263-90; HART, David M. "Gustave de Molinari and the Anti-Statist Liberal Tradition – Part 2". *Journal of Libertarian Studies*, Volume 5, Number 4 (Fall 1981): 399-434; HART, David M. "Gustave de Molinari and the Anti-Statist Liberal Tradition – Part 3". *Journal of Libertarian Studies*, Volume 6, Number 1 (Winter 1982): 83-104.

de princípio entre esses dois casos? A resposta é: o reconhecimento ou não-reconhecimento do princípio de apropriação. No feudalismo, o camponês é explorado porque não possui controle exclusivo sobre a terra da qual se apropriou originalmente, e o escravo porque não tem controle exclusivo sobre a apropriação de seu próprio corpo. Se, por outro lado, cada um possui controle exclusivo sobre seu próprio corpo (ou seja, se for um trabalhador livre) e age de acordo com o princípio de apropriação, não pode haver exploração. É um absurdo lógico afirmar que aquele que se apropria de bens não previamente apropriados por outrem, e que emprega tais bens na produção de bens futuros, ou que aquele que economiza bens apropriados ou produzidos no presente para aumentar a oferta futura de bens, poderia, por conta disso, explorar alguém. Nada foi retirado de ninguém neste processo, sendo que, na verdade, bens adicionais foram criados. Seria igualmente absurdo defender que um acordo entre diferentes apropriadores originais, poupadores e produtores abarcando seus bens e serviços apropriados sem exploração poderia, possivelmente, conter alguma espécie de jogo sujo. Muito pelo contrário, a exploração ocorre sempre que acontece qualquer *desvio* do princípio de apropriação. A exploração tem lugar sempre que uma pessoa obtém controle total ou parcial sobre recursos escassos que não foram apropriados, economizados ou produzidos por intermédio de contrato realizado com um produtor-proprietário anterior. A exploração é a expropriação posterior de apropriadores originais, produtores e poupadores por não-apropriadores originais, não-poupadores, não-produtores e não-contratantes;

é a expropriação daqueles outros cujas reivindicações de propriedade se fundamentam no trabalho e no contrato por outros cujas demandas vêm do ar e que desconsideram o trabalho e os contratos[12].

É desnecessário dizer que a exploração, definida dessa maneira, é, de fato, parte integrante da história humana. Pode-se adquirir e aumentar riqueza pela apropriação original, produção, poupança ou contratos, ou alternativamente pela expropriação de apropriadores originais, produtores, poupadores ou contratantes. Não há outras maneiras. Ambos os métodos são naturais na humanidade. Concomitantemente à apropriação original, à produção e aos contratos, sempre ocorreram aquisições de propriedade não produtivas e não contratuais. Ademais, no decorrer do desenvolvimento econômico, assim como produtores e contratantes podem formar empresas, firmas e corporações, também os exploradores podem criar empresas, governos e estados que exploram em larga escala. A classe dominante (que pode, novamente, encontrar-se estratificada internamente) compõe-se inicialmente daqueles membros de uma certa firma de exploração. E, com uma classe dominante estabelecida sobre dado território e dedicada à expropriação dos recursos econômicos da classe de produtores explorados, o âmago de toda a história de

---

[12] A esse respeito, ver também: HOPPE. *Theory of Socialism and Capitalism*. *Op. cit.* [Em português, ver: HOPPE. *Uma Teoria do Socialismo e do Capitalismo*. *Op. cit.* (N. E.)]; HOPPE, Hans-Hermann. "The Justice of Economic Efficiency". *Austrian Economics Newsletter*, Volume 1 (Winter 1988): 1-4; HOPPE, Hans-Hermann. "The Ultimate Justification of the Private Property Ethics". *Liberty* (September 1988): 20-22.

fato se torna a luta entre exploradores e explorados. A história, portanto, contada corretamente, é essencialmente a história das vitórias e derrotas dos dominantes e de suas tentativas de maximizar os rendimentos apropriados por intermédio da exploração e, também a dos dominados e de suas tentativas de resistir e reverter essa tendência. É em relação a essa abordagem da história que austríacos e marxistas estão de acordo e é por isso que existe uma notável afinidade intelectual entre as investigações históricas dos austríacos e dos marxistas. Ambos se opõem a uma historiografia que reconhece somente a ação ou a interação, econômica e moralmente em pé de igualdade; e ambos se opõem a uma historiografia que, em vez de adotar uma posição neutra em termos de valores, acredita que os próprios juízos de valor subjetivos, introduzidos arbitrariamente, devem resultar no mau êxito de nossas narrativas históricas. Mais propriamente, a história deve ser contada em termos de liberdade e exploração, parasitismo e empobrecimento econômico, propriedade privada e sua destruição – de outro modo, é contada de maneira falsa[13].

Enquanto os empreendimentos produtivos prosperam e fracassam de acordo com a presença ou ausência de apoio voluntário, uma classe dominante nunca alcança o poder porque há uma demanda para isso, tampouco abdica

---

[13] Sobre este assunto, ver também: ACTON, John Emerich Edward Dalberg-Acton, Lord. *Selected Writings of Lord Acton – Volume I: Essays in the History of Liberty*. Ed. J. Rufus Fears. Indianapolis: Liberty Fund, 1985; OPPENHEIMER, F. *System der Soziologie – Volume II: Der Staat*. Stuttgart: G. Fischer, 1964; RÜSTOW, Alexander. *Freedom and Domination: A Historical Critique of Civilization*. Princeton: Princeton University Press, 1986.

quando a renúncia é visivelmente demandada. Não se pode dizer, sem nenhum esforço da imaginação, que apropriadores originais, produtores, poupadores e contratantes demandarem a própria expropriação. Precisam ser coagidos a aceitá-la e isso prova conclusivamente que a firma exploradora não está, de maneira alguma, atendendo a uma demanda. Tampouco se pode dizer que uma classe dominante pode ser derrubada abstendo-se de realizar transações com ela, da mesma forma que ocorre com uma empresa produtiva. Dado que a classe dominante aufere seus rendimentos por intermédio de transações não produtivas e não contratuais, ficando dessa maneira, portanto, imune aos boicotes. Mais propriamente, o que torna possível a ascensão de uma firma de exploração, e a única coisa que pode, por sua vez, colocá-la abaixo, é um estado específico da opinião pública ou, na terminologia marxista, um estado específico de consciência de classe.

Um explorador cria vítimas, que são inimigos em potencial. É possível que a resistência possa ser derrubada de modo duradouro pela força, no caso de um grupo de homens explorando outro grupo aproximadamente do mesmo tamanho. Entretanto, é necessário mais do que força para ampliar a exploração de uma população que seja muito mais numerosa do que o próprio tamanho do grupo de exploradores. Para que isso aconteça, uma firma também deve ter apoio público. Uma maioria da população precisa aceitar as ações de exploração como legítimas. Esta aceitação pode variar desde o entusiasmo ativo até a resignação passiva. Porém, deve ser aceita, no sentido de que uma maioria precisa ter abdicado da ideia de resistir ativa ou passivamente a qualquer tentativa de implementar aquisições de propriedade não produtivas e não-contratuais. A consciência de classe precisa ser baixa, subdesenvolvida ou vaga. Uma firma exploradora tem espaço para prosperar apenas enquanto esse estado de coisas durar, mesmo se não houver por ela demanda alguma. Somente se, e à medida em que os explorados e os expropriados desenvolvam uma ideia clara da própria situação e se encontrem unidos com outros membros de sua classe por intermédio de um movimento ideológico que confira expressão à ideia de uma sociedade sem classes na qual toda a exploração seja abolida, poder-se-á quebrar o poder da classe dominante. Somente se, e ao passo em que a maioria do público explorado se integre conscientemente a tal movimento e, em concordância, demonstre indignação comum contra todas as aquisições de propriedade não produtivas e não-contratuais, tenha desprezo por quem se engaje nesse tipo de ações, e não contribua, deliberadamente, para que obtenham êxito (sem mencionar tentar ativamente sua obstrução), poderá seu poder desmoronar.

A abolição gradual das ordens feudal e absolutista, bem como a ascensão de sociedades cada vez mais capitalistas na Europa Ocidental e nos Estados Unidos – acompanhada de crescimento econômico e aumento populacional inéditos – resultou da maior consciência de classe entre os explorados, que foram ideologicamente moldados em conjunto pelas doutrinas dos direitos naturais e do liberalismo. Nisso, austríacos e marxistas estão de acordo[14]. Discordam, no entanto, com respeito a se a reversão desse processo de liberalização e a se níveis continuamente crescentes de exploração nessas sociedades desde o último terço do século XIX, particularmente acentuados desde a Primeira Guerra Mundial, resultam de uma diminuição da consciência de classe. De fato, na perspectiva austríaca, o marxismo deve aceitar grande parte da culpa por esses desenvolvimentos, por ter desviado a atenção do modelo correto de exploração do apropriador original-produtor-poupador-contratante pelo não-apropriador original-produtor-poupador-contratante para o modelo falacioso do assalariado contra o capitalista, e desse modo, ter confundido tudo[15].

---

[14] Ver, a este respeito: ROTHBARD, Murray N. "Left and Right: The Prospects for Liberty". In: MURRAY, Rothbard N. *Egalitarianism as a Revolt Against Nature and Other Essays*. Washington, D.C.: Libertarian Review Press, 1974. [Em português o ensaio foi lançado como: ROTHBARD, Murray N. *Esquerda e Direita: Perspectivas para a Liberdade*. Apres. Arthur A. Erich, Jr.; trad. Maria Luiza X. de A. Borges. São Paulo: Instituto Ludwig von Mises Brasil, 3ª ed., 2010. (N. E.)].

[15] A despeito de toda a propaganda socialista em contrário, a falsidade da descrição marxista de capitalistas e de trabalhadores como classes antagônicas também proporciona sustentação para certas observações empíricas: logicamente falando, as pessoas podem ser agrupadas em classes de maneiras infinitamente distintas. De acordo com a metodologia positivista ortodoxa (que considero falsa, mas que estou disposto a aceitar, aqui, em prol do argumento), o melhor sistema de classificação é o que nos ajuda a realizar previsões melhores. Entretanto, a classificação das pessoas como capitalistas ou trabalhadores (ou como representantes de diversos graus de capitalismo ou de trabalho) é praticamente inútil para prever a posição que uma dada pessoa adotará acerca de questões políticas, sociais e econômicas fundamentais. Contrariamente a isso, a classificação correta das pessoas como produtores de tributos e de regulamentações contra os consumidores de tributos e de regulamentações (ou como representantes de diversos graus de produção ou consumo de impostos) também é, de fato, um preditor poderoso. Sociólogos

O estabelecimento de uma classe dominante sobre uma classe explorada, que tem várias vezes seu tamanho, por intermédio da coerção e da manipulação da opinião pública, ou seja, por intermédio de um baixo grau de consciência de classe entre os explorados, encontra sua expressão institucional mais elementar na criação de um sistema de direito público sobreposto ao direito privado. A classe dominante se destaca e protege sua posição de dominância pela adoção de uma constituição para as operações de sua firma. Por um lado, ao formalizar as operações internas ao aparato estatal, bem como as relações com a população explorada, essa constituição cria certo grau de estabilidade legal. Quanto mais noções familiares e populares do Direito privado sejam incorporadas ao direito constitucional e público, mais favorável será a disposição do público à existência do Estado. Por outro lado, a constituição e o direito público também formalizam o estado de imunidade da classe dominante com respeito ao princípio de apropriação. Formaliza o direito dos representantes do Estado para se engajarem em aquisições não-produtivas e não-contratuais de propriedade e, em última análise, a subordinação do direito privado ao direito público. A justiça de classes, isto é, um conjunto de leis para os dominantes e outro

---

têm negligenciado isso amplamente devido a seus preconceitos marxistas quase universais. Entretanto, a experiência cotidiana corrobora minha tese de maneira avassaladora: descubra se uma pessoa é ou não um funcionário público (bem como seu posto e salário), ou em que medida a renda e a riqueza de certa pessoa situada fora do setor público é determinada pelas compras e/ou ações de regulação por parte do setor público – tais pessoas irão diferir sistematicamente nas respostas para questões políticas fundamentais dependendo de se são classificadas como consumidores ou produtores diretos ou indiretos de impostos.

para os dominados, encontra apoio nesse dualismo dos direitos público e privado e na dominação e infiltração do direito público sobre e no direito privado. Não é devido aos direitos de propriedade privada possuírem reconhecimento legal, como pensam os marxistas, que a justiça de classes se estabelece. Mais propriamente, a justiça de classes emerge precisamente sempre que há distinção legal entre uma classe de pessoas que age sob o Direito público e é por este protegida, e outra classe de pessoas que age e é protegida, por sua vez, por algum tipo de Direito privado subordinado. Então, mais especificamente, a proposição básica da teoria marxista do Estado, em particular, é falsa. O Estado não é explorador porque protege os direitos de propriedade dos capitalistas. O Estado é explorador porque se encontra isento da restrição de ter que adquirir propriedade de maneira produtiva ou contratual[16].

[16] Ver: OPPENHEIMER. *System der Soziologie*. *Op. cit.* p. 322-23. O autor apresenta a questão assim: "*A norma básica do Estado é o poder. Isto é, vendo pelo lado de sua origem: a violência transformada em poder. A violência é uma das forças mais poderosas que molda a sociedade, porém não é, em si mesma, um modo de interação social. Precisa tornar-se lei no sentido positivo do termo, ou seja, falando sociologicamente, deve permitir o desenvolvimento de um sistema de 'reciprocidade subjetiva': e isso é possível somente por intermédio de um sistema de restrições autoimpostas sobre a utilização da violência e pelo pressuposto de que há certas obrigações em troca dos direitos que se arroga. Desta maneira, a violência se transforma em poder e emerge uma situação de dominação que é aceita não somente pelos dominantes, mas também, sob circunstâncias não tão severamente opressoras, por seus sujeitados, como expressão de uma 'reciprocidade justa'. A partir dessa norma básica, normas secundárias e terciárias agora emergem como nela sugeridas: normas de direito privado, de herança, criminais, de obrigações, constitucionais e assim por diante, todas as quais carregam em si a marca da norma básica do poder e dominação, e todas elaboradas para influenciar a estrutura do Estado de modo a aumentar a exploração econômica até o seu patamar mais elevado, o que é compatível com a continuidade da dominação regulada legalmente*".

A despeito desse equívoco conceitual fundamental, no entanto, o marxismo, por interpretar corretamente o Estado como explorador (diferentemente, por exemplo, da Escola da Escolha Pública, que o vê como uma firma normal entre outras)[17], apresenta algumas percepções importantes com relação à lógica das operações estatais. Por exemplo, reconhece a função estratégica das políticas redistributivas estatais. Como firma de exploração, o Estado precisa estar sempre interessado em manter um baixo grau de consciência de classe entre os dominados. A redistribuição da propriedade e da renda é o instrumento por intermédio do qual o Estado pode criar divisões entre o público e destruir, assim, a formação de uma consciência de classe unificada entre os explorados. Ademais, a redistribuição do próprio poder estatal pela democratização da constituição do Estado e da abertura de todas as posições de poder para todos, garantindo o direito a participar da

A percepção fundamental é que "*a lei emana de duas raízes essencialmente distintas [...]: por um lado, da lei de associação entre os iguais, o que pode ser chamado de direito 'natural', mesmo que não seja 'direito natural', e, por outro lado, a partir da lei da violência transformada em MIGHT [PODERIO] regulado, a lei dos desiguais*". Sobre a relação entre direito público e privado, ver também: HAYEK, F. A. *Law, Legislation and Liberty: A New Statement of the Liberal Principles of Justice and Political Economy. Volume 1: Rules and Order*. London and New York: Routledge, 1973; HAYEK, F. A. *Law, Legislation and Liberty: A New Statement of the Liberal Principles of Justice and Political Economy. Volume 2: The Mirage of Social Justice*. London and New York: Routledge, 1976; HAYEK, F. A. *Law, Legislation and Liberty: A New Statement of the Liberal Principles of Justice and Political Economy. Volume 3: The Political Order of a Free People*. London and New York: Routledge, 1979. Em particular, ver o capítulo 6 do Volume 1 e as p. 85-88 do Volume 2.

[17] Ver: BUCHANAN, James & TULLOCK, Gordon. *The Calculus of Consent*. Ann Arbor: University of Michigan Press, 1965. p. 19.

determinação do pessoal do Estado e das políticas públicas, é, na realidade, um meio para reduzir a resistência contra a exploração como tal. Em segundo lugar, o Estado de fato é, tal como os marxistas o veem, o grande centro da propaganda e mistificação ideológica: a exploração é, realmente segundo o Estado liberdade; impostos são, em verdade nesta perspectiva contribuições voluntárias; relações não-contratuais são, neste sentido, relações "conceitualmente" contratuais; ninguém é dominado por ninguém, mas nós governamos a nos mesmos; sem o Estado, não haveria nem lei, nem segurança; e os pobres pereceriam etc. Tudo isso faz parte da superestrutura ideológica criada para legitimar uma base subjacente de exploração econômica[18]. E, por último, os marxistas também estão corretos em perceber a estreita associação entre o Estado e os negócios, em particular a elite bancária – mesmo que sua explicação para isso seja deficiente. A razão não é que o *establishment* burguês vê e apoia o Estado como o garantidor dos direitos de propriedade privada e do contratualismo. Pelo contrário, o *establishment* percebe corretamente o Estado como a própria antítese da propriedade privada e, justamente por isso, tem por ele um interesse especial. Quanto mais bem-sucedido for um negócio, maior o dano potencial da exploração governamental, porém também são maiores os ganhos potenciais caso se obtenha proteção especial do governo, ficando a salvo do peso da concorrência capitalista. É

[18] Ver: HOPPE, Hans-Hermann. *Eigentum, Anarchie und Staat*. Opladen: Westdeutscher Verlag, 1987; HOPPE. *Theory of Socialism and Capitalism*. *Op. cit.* [Em língua portuguesa, ver: HOPPE. *Uma Teoria do Socialismo e do Capitalismo*. *Op. cit.* (N. E.)]

por isso que o *establishment* dos negócios se interessa pelo Estado e por infiltrá-lo. A elite governante, por sua vez, encontra-se interessada na cooperação estreita com o *establishment* dos negócios por causa de seu poder financeiro. Em particular, a elite bancária é de interesse pois, enquanto firma de exploração, o Estado naturalmente deseja ser detentor de autonomia completa para cometer fraudes. Ao se oferecer para interromper as maquinações fraudulentas da elite bancária e, simultaneamente, ao permitir que tal elite obtenha lucros ao fraudar suas próprias notas sob um regime de reservas bancárias fracionário, o Estado pode facilmente atingir o objetivo de estabelecer um sistema de monopólio estatal sobre a moeda e criar uma estrutura bancária cartelizada controlada pelo banco central. E por intermédio dessa conexão fraudulenta direta com o sistema bancário e, por extensão, com os principais clientes dos bancos, a classe dominante de fato estende-se para muito além do aparato estatal e atinge os centros nevrálgicos da sociedade civil – nada muito diferente, ao menos na aparência, da imagem que os marxistas gostam de retratar a respeito da cooperação entre o sistema bancário, as elites de negócios e o Estado[19].

A concorrência no interior da classe dominante e entre diferentes classes dominantes provoca uma tendência a maior concentração. O marxismo está certo nisso. Entretanto, sua teoria defeituosa da exploração novamente conduz à localização da causa no lugar errado. O marxismo vê

---

[19] Ver: HOPPE, Hans-Hermann. "Banking, Nation States and International Politics". *Review of Austrian Economics*, Volume 4 (1989): 55-87; ROTHBARD. *The Mystery of Banking*. *Op. cit.*, caps. 15-16.

tal de concentração como inerente à competição capitalista. Entretanto, é precisamente à medida em que as pessoas se encontrem engajadas em um capitalismo limpo é que a concorrência *deixa* de ser um tipo de interação de soma-zero. O apropriador original, o produtor, o poupador e o contratante não ganham às custas de outrem. Seus ganhos deixam as posses físicas dos demais intactas, ou na realidade produzem ganhos mútuos (tal como ocorre no caso das trocas contratuais). Assim, o capitalismo produz a aumentos na riqueza absoluta. Entretanto, sob seu regime, não se pode dizer que existe uma tendência sistemática à concentração relativa[20]. Em vez disso, as interações de soma-zero caracterizam não somente a relação entre o dominante e o dominado, mas também entre dominantes que competem entre si. A exploração definida como aquisição de propriedade não-produtiva e não-contratual somente se torna possível quando há algo passível de ser apropriado. No entanto, se existisse livre concorrência no negócio da exploração, obviamente não sobraria nada para ser expropriado. Assim, a exploração requer monopólio sobre dado território e população; e a competição entre exploradores é, por sua própria natureza, eliminadora e deve produzir uma tendência para a concentração relativa de formas de exploração, assim como uma tendência para a centralização dentro de cada firma exploradora. O desenvolvimento de *Estados* em vez

---

[20] A esse respeito, ver, em particular: ROTHBARD. *Man, Economy and State. Op. cit.*, cap. 10 (especialmente a seção “The Problem of One Big Cartel”); ver, também, MISES. *Socialism. Op. cit.*, caps. 22-26.

de firmas capitalistas proporciona a ilustração principal dessa tendência: há, agora, um número significativamente menor de Estados com controle da exploração sobre territórios muito maiores do que havia em séculos anteriores. E, dentro de cada aparato estatal, de fato tem havido uma tendência contínua em direção a um aumento dos poderes do governo central às custas das subdivisões regionais e locais. Entretanto, fora do aparato estatal, uma tendência para a concentração relativa também se tornou aparente pela mesma razão – não, como já deve estar claro, devido a qualquer peculiaridade inerente ao capitalismo, mas porque a classe dominante expandiu o domínio sobre a sociedade civil por intermédio da criação de uma aliança Estado-bancos-negócios e, em particular, pelo estabelecimento de um sistema bancário centralizado. Se uma concentração e centralização do poder estatal ocorre, então, é natural que venha acompanhada de um processo paralelo de concentração e cartelização relativa do sistema bancário e da indústria. Juntamente com os poderes estatais maiores, aumentam os poderes associados do setor bancário e do *establishment* dos negócios para eliminar ou colocar os competidores econômicos em desvantagem por intermédio do incremento das expropriações não-produtivas e/ou não-contratuais. A concentração dos negócios é um reflexo dessa "estatização" da vida econômica[21].

[21] A respeito disso, ver: KOLKO, G. *The Triumph of Conservatism*. Chicago: Free Press, 1968; RADOSH, Ronald & ROTHBARD, Murray N. (Eds.). *A New History of Leviathan: Essays on the Rise of the American Corporate State*. New York: E. P. Dutton, 1972; LIGGIO, Leonard & MARTIN, James J. (Eds.). *Watershed of*

O principal meio para a expansão do poder estatal e para a eliminação dos centros de exploração rivais é a guerra e a dominação militar. A competição interestatal implica em tendência à guerra e ao imperialismo. Como centros de exploração, seus interesses são, por natureza, antagônicos. Ademais, com cada um deles comandando – internamente – o instrumento de tributação e os poderes absolutos para a fraude, torna-se possível que as classes dominantes façam com que os outros paguem pelas suas guerras. Naturalmente, quando não é necessário arcar com os próprios empreendimentos arriscados, mas pode-se forçar os demais a fazê-lo, a tendência é assumir mais riscos e ser mais arrojado do que o normal[22]. O marxismo, contrariando grande parte das assim chamadas ciências sociais burguesas, está correto quanto aos fatos: de fato há uma tendência ao imperialismo operando na história; e as principais potências imperialistas são, verdadeiramente, as nações capitalistas mais avançadas. Ainda assim, a explicação é novamente defeituosa. É o *Estado* enquanto instituição livre das regras capitalistas para a aquisição de propriedade que é, por natureza, agressivo. E a evidência histórica de uma correlação estreita entre capitalismo e imperialismo contradiz isso apenas na aparência. Isso pode ser facilmente

Empire: Essays on New Deal Foreign Policy. Pref. Felix Morley. Colorado Springs: Raplh Myles, 1976.

[22] Sobre a relação entre o Estado e a guerra, ver: KRIPPENDORFF, Ekkehart. *Staat und Krieg: Die historische Logik politischer Unvernunft*. Frankfur: Suhrkamp, 1985; TILLY, Charles. "War Making and State Marking as Organized Crime". In: EVANS, Peter B.; RUESCHEMEYER, Dietrich & SKOCPOL, Theda (Eds.). *Bringing the State Back In*. Cambridge: Cambridge University Press, 1985. Ver, também: HIGGS, Robert. *Crisis and Leviathan: Critical Episodes in the Growth of American Government*. New York: Oxford University Press, 1987.

explicado pelo fato de que, para ser bem-sucedido nas guerras interestatais, o Estado precisa estar no comando de recursos econômicos suficientes (em termos relativos). Mantendo todas as demais coisas constantes, o Estado que detém mais recursos vencerá. Como firma de exploração, um Estado é, por natureza, destruidor de riquezas e de acumulação de capital. A riqueza é produzida exclusivamente pela sociedade civil; e quanto mais fracos forem os poderes de exploração do Estado, mais riqueza e capital a sociedade acumula. Assim, por mais que possa soar paradoxal à primeira vista, quanto mais fraco ou liberal um Estado for domesticamente, mais desenvolvido será o capitalismo; uma economia capitalista desenvolvida a partir da qual extrair torna o Estado mais rico; e um Estado mais rico, então, empreende mais e mais guerras expansionistas com sucesso. Esta é a relação que explica por que, inicialmente, os Estados da Europa Ocidental, em particular a Grã-Bretanha, foram as principais potências imperialistas, e por que, no século XX, esse papel passou a ser assumido pelos Estados Unidos.

Ademais, há uma explicação similarmente mais direta e, novamente, inteiramente não-marxista para a observação marxista frequente de que o sistema bancário e o *establishment* dos negócios encontram-se, geralmente, entre os apoiadores mais fervorosos da força militar e da expansão imperialista. Esse apoio não acontece porque a expansão dos mercados capitalistas requer exploração, mas porque a expansão das empresas privilegiadas e protegidas pelo Estado requer que essa proteção seja estendida também aos países estrangeiros, e que os competidores estrangeiros sejam prejudicados por intermédio de aquisições de propriedade não-contratuais e não-produtivas da mesma maneira ou mesmo ainda mais do que no caso da competição se este. Especificamente, o *establishment* apoia o imperialismo se este apoio levar à posição de dominação militar do próprio Estado aliado sobre algum outro. Pois assim, desde uma posição de força militar, torna-se possível criar um sistema que poderíamos chamar de imperialismo monetário. O Estado dominante utilizará seu poder superior para colocar em prática uma política de inflação internacionalmente coordenada. Seu próprio banco central define o ritmo do processo fraudulento, e os bancos centrais dos Estados dominados recebem a ordem de utilizar a moeda como as próprias reservas e inflacioná-las. Deste modo, juntamente com o Estado dominante e com os primeiros receptores da reserva de moeda fraudulenta, o sistema bancário e o establishment de negócios associados ao governo podem se envolver em uma expropriação quase sem custo de proprietários e de produtores de renda estrangeiros. Uma camada dupla de exploração de um Estado estrangeiro e sua elite sobreposta a Estado nacional e sua elite doméstica é imposta à classe explorada dos territórios dominados, causando uma prolongada dependência e estagnação econômica relativa à nação dominante. Esta é a situação – bastante não-capitalista – que caracteriza o *status* dos Estados Unidos e do dólar americano, e que nutre as imputações – corretas – acerca da exploração econômica norte-americana e do imperialismo do dólar[23].

---

[23] Para uma versão mais elaborada dessa teoria do imperialismo militar e monetário, ver: HOPPE. "Banking, Nation States and International Politics". *Op. cit.*

Finalmente, a crescente concentração e centralização das capacidades de exploração conduz à estagnação econômica e, desse modo, cria as condições objetivas para a derrota final dessas potências e o estabelecimento de uma sociedade sem classes capaz de produzir prosperidade econômica jamais vista.

Em desacordo com as afirmações marxistas, essa sociedade não resultará de determinadas leis históricas. De fato, não existem leis históricas inexoráveis tais como os marxistas as concebem[24]. Tampouco será resultado de uma tendência de queda da taxa de lucros com um aumento concomitante da composição orgânica do capital (isto é, um aumento na proporção entre o capital constante e o capital variável), conforme Marx acreditava. Assim como a teoria do valor-trabalho é falsa, e está além de qualquer possibilidade de conserto, o mesmo vale para a lei da tendência de queda da taxa de lucros, que se baseia nessa teoria. A fonte do valor, dos juros e dos lucros não é, exclusivamente, o dispêndio com mão-de-obra, mas sim algo muito mais geral: a ação, isto é, o emprego de meios escassos em busca de objetivos por agentes que são constrangidos por suas preferências temporais e pela incerteza (conhecimento imperfeito). Não há razão para supor, então, que mudanças na composição orgânica do capital

---

[24] A respeito disso, ver, em particular: MISES, Ludwig von. *Theory and History: An Interpretation of Social and Economic Evolution*. Auburn: Mises Institute, 1985. Em especial, a parte 2. [A obra está disponível em português como: MISES, Ludwig von. *Teoria e História: Uma Interpretação da Evolução Social e Econômica*. Pref. Murray N. Rothbard; trad. Rafael de Sales Azevedo. São Paulo: Instituto Ludwig von Mises Brasil, 2014. (N. E.)].

deveriam ter qualquer relação sistemática com mudanças nos juros e nos lucros.

Em vez disso, a probabilidade da ocorrência de crises que estimulam o desenvolvimento de um grau mais elevado de consciência de classe (ou seja, as condições subjetivas para a derrocada da classe dominante) aumenta – para utilizar um dos termos prediletos de Marx –, a partir da "dialética" da exploração que já mencionei anteriormente: a exploração destrói a formação de riquezas. Assim, na competição entre firmas de exploração, isto é, os Estados, os menos exploradores ou mais liberais tendem a superar os mais exploradores porque estão no comando de recursos mais amplos. O processo do imperialismo tem, inicialmente, um efeito relativamente libertador nas sociedades que caem sob seu controle. Um modelo social relativamente mais capitalista é exportado para sociedades relativamente menos capitalistas (mais exploradoras). O desenvolvimento de forças produtivas é estimulado; a integração econômica avança, a divisão de trabalho é ampliada, e se estabelece um genuíno mercado mundial. A população aumenta em resposta, e as expectativas a respeito do futuro econômico atingem patamares sem precedentes[25].

---

[25] Deve-se observar aqui que Karl Marx e Friedrich Engels, principalmente em seu *Manifesto do Partido Comunista*, defenderam o caráter histórico progressivo do capitalismo e louvaram enormemente seus resultados sem precedentes. De fato, revendo as passagens relevantes do *Manifesto do Partido Comunista*, Joseph A. Schumpeter (1883-1950) conclui que: "*Nunca, repito, e em particular, expresso por nenhum defensor moderno da civilização burguesa, algo assim foi escrito; jamais foi elaborado um ensaio a respeito da classe empresarial com uma compreensão tão ampla e tão profunda acerca de suas realizações e sobre o que esta significa para a humanidade*". Em: SCHUMPETER, Joseph A. "The Communist Manifesto in

Com a dominação exploradora assumindo o controle, e com a competição interestatal reduzida ou mesmo eliminada em um processo de expansionismo imperialista, entretanto, os constrangimentos externos sobre o poder do Estado dominante para exercer domesticamente a exploração e expropriação desaparecem gradativamente. A exploração doméstica, a tributação e a regulamentação aumentam quanto mais a classe dominante se aproxima de seu objetivo final de dominação do mundo. A estagnação econômica começa e as expectativas mais elevadas – ao redor do mundo – são frustradas. E isso – expectativas mais elevadas e uma realidade econômica que fica cada vez aquém das expectativas – é a situação clássica para a emergência de um potencial revolucionário[26]. Surge uma necessidade desesperada por soluções ideológicas para as crises emergentes, juntamente com um reconhecimento mais amplo do fato de que o domínio do Estado, a tributação e a regulação - longe de oferecerem soluções – na verdade constituem o real problema que precisa

---

Sociology and Economics". In: CLEMENCE, Richard V. (Ed.). *Essays of J. A. Schumpeter*. Port Washington: Kennikat Press, 1951. p. 293. A partir desta visão do capitalismo, Marx chegou ao ponto de defender a conquista britânica da Índia, por exemplo, como um desenvolvimento do progresso histórico. Ver as contribuições de Marx ao *New York Daily Tribune* de 25 de junho de 1853, de 11 de julho de 1853 e de 8 de agosto de 1853, disponíveis em: MARX, Karl & ENGELS, Friedrich. *Werke, Vol. 9*. East Berlin: Dietz, 1960. Para um marxista contemporâneo que adota um posicionamento semelhante a respeito do imperialismo, ver: WARREN, Bill. *Imperialism: Pioneer of Capitalism*. London: New Left Books, 1981.

[26] Sobre a teoria da revolução em particular, ver: TILLY, Charles. *From Mobilization to Revolution*. Reading: Addison-Wesley, 1978; TILLY, Charles. *As Sociology Meets History*. New York: Academic Press, 1981.

ser superado. Se, nessa situação de estagnação econômica, de crises e de desilusão ideológica[27] uma solução positiva é oferecida na forma de uma filosofia libertária sistemática e abrangente, combinada com sua contrapartida econômica, a Escola Austríaca, e se essa ideologia for difundida por um movimento ativista, então as perspectivas de incendiar o potencial revolucionário do ativismo se tornam esmagadoramente positivas e promissoras. Pressões antiestatistas aumentarão, provocando uma tendência irresistível em direção ao esfacelamento do poder da classe dominante e do Estado como instrumento de exploração[28].

Se, e à medida em que isso ocorrer, entretanto, não significará – contrariamente ao modelo marxista – que obteremos a propriedade social dos meios de produção. De fato,

---

[27] Para um tratamento neomarxista da era presente do "capitalismo tardio" caracterizada por uma "nova desorientação ideológica" nascida da estagnação econômica permanente e da exaustão dos poderes legitimadores do conservadorismo e da social-democracia (ou seja, do "liberalismo" na terminologia norte-americana), ver: HABERMAS, Jürgen. *Die Neue Unübersichtlichkeit*. Frankfurt: Suhrkamp, 1985. Ver, também: HABERMAS, Jürgen. *Legitimation Crisis*. Boston: Beacon Press, 1975; OFFE, Claus. *Strukturprobleme des kapitalistischen Staates*. Frankfurt: Suhrkamp, 1972.

[28] Para um tratamento austro-libertário do caráter de crise do capitalismo tardio e sobre as perspectivas de ascensão de uma consciência de classe libertária revolucionária, ver: ROTHBARD. *Left and Right*. *Op. cit*. [Em português ver: ROTHBARD. *Esquerda e Direita*. *Op. cit*. (N. E.)].; ROTHBARD. *For a New Liberty*. *Op. cit*., cap. 15 [Disponível em língua portuguesa como: ROTHBARD. *Por Uma Nova Liberdade*. *Op. cit*.]; ROTHBARD, Murray N. *Ethics of Liberty*. Atlantic Highands: Humanities Press, 1982. Parte 5. [Em língua portuguesa, ver: ROTHBARD, Murray N. *A Ética da Liberdade*. Intr. Hans-Hermann Hoppe; trad. Fernando Fiori Chiocca. São Paulo: Instituto Ludwig von Mises Brasil, 2ª Ed., 2010. (N. E.)].

a propriedade social não é somente economicamente ineficiente, tal como já foi explicado, mas incompatível com a ideia de que o Estado está "definhando"[29]. Pois se os meios de produção são de propriedade coletiva, e se assumimos realisticamente que as ideias de todos a respeito de como empregar tais meios não venham a coincidir (o que seria milagroso), então os fatores de produção de propriedade social precisamente demandarão a continuação das ações do Estado, isto é, daquela instituição capaz de impor, coercitivamente, a vontade de uma pessoa sobre as demais. Em vez disso, o definhamento do Estado, e consequentemente o fim da exploração e o início da liberdade e de uma prosperidade econômica jamais vista, resultará no estabelecimento de uma sociedade de propriedade privada pura, regulada por nada além do direito privado.

[29] Sobre as inconsistências da teoria marxista do Estado ver, também: KELSEN, Hans. *Sozialismus und Staat: Eine Untersuchung der politischen Theorie des Marxismus*. Wien: Verlag der Wiener Volksbuchhandlung, 1965.

Na opinião dos liberais, a propriedade privada dos meios de produção é a única forma de criar riqueza para a sociedade, porque acreditam que o socialismo é impraticável.

Dr. Ludwig Edler von Mises

No século XX, os escritores que defendiam a economia de livre mercado culpavam com frequência as intervenções do governo por ideias errôneas, isto é, ideias incorretas em relação às políticas que promoveriam a prosperidade do povo. Para a maioria desses escritores, o conceito de "classe governante" tinha uma conotação marxista. Em resumo, na verdade, queriam dizer que nunca existiram conflitos irreconciliáveis de interesses ou de grupos na história da humanidade, que os interesses são sempre compatíveis e que, portanto, os confrontos políticos se originavam de interpretações equivocadas desse interesse comum.

Em "O Conflito de Interesses entre Diferentes Grupos Sociais", o mais importante dos pequenos ensaios pouco conhecidos reeditados neste livro, Ludwig von Mises (1881-1973), o principal defensor do livre mercado no século XX, evita a armadilha ingênua na qual muitos

Prefácio à Edição Norte-Americana

Murray N. Rothbard

de seus colegas caíram. Em vez disso, Mises propõe uma teoria extremamente sofisticada de classes e de conflitos de classes, ao fazer uma distinção nítida entre o livre mercado e a intervenção do governo.

No *livre mercado* não existem conflitos de classes ou de interesses de grupos; todos os participantes se beneficiam da economia de mercado, e, por esse motivo, seus interesses coexistem em harmonia. Mas, como Mises descreveu, a interferência do governo *cria* conflitos entre as classes de pessoas, as que se beneficiam ou são favorecidas pelo Estado e as oprimidas pelo mesmo Estado. Essas classes conflitantes criadas pela intervenção do Estado são chamadas por Mises de *castas*. Segundo Mises:

> Predomina a solidariedade de interesses entre os membros de uma casta e um conflito em meio às diversas castas. Cada casta ambiciona obter novos privilégios, além da preservação dos antigos. As castas menos

> favorecidas lutam para eliminar a exclusão. Em uma sociedade de castas existe um antagonismo irreconciliável entre os diversos grupos sociais estratificados[1].

Nessa análise profunda, Ludwig von Mises inspirou-se na teoria de análise de classes originária de Charles Comte (1782-1837) e Charles Dunoyer (1786-1862), os líderes do liberalismo do *laissez-faire* na França no início do século XIX. Porém Mises, por ser um utilitarista que equiparava à economia o livre mercado, sentia-se impelido a convencer *todas* as pessoas, mesmo as incluídas nas classes governantes, que viveriam melhor em um mundo regido pelo livre mercado e por uma sociedade livre, e que deveriam lutar para viver nesse mundo. O economista austríaco baseava o argumento na dicotomia entre interesses de "curto prazo" e de "longo prazo", este último chamado de interesse "corretamente entendido". Segundo a perspectiva misesiana, mesmo os beneficiários a curto prazo do estatismo perderiam os privilégios no longo prazo. Na opinião de Mises:

> No curto prazo, uma pessoa ou um grupo podem beneficiar-se da violação dos interesses individuais ou coletivos. Porém, no longo prazo, essa violação prejudicará seus interesses egoístas na mesma proporção dos que haviam causado dano. O sacrifício que um homem ou um grupo faz ao renunciar a benefícios de curto prazo, para não ameaçarem as formas pacíficas

[1] Na presente edição ver: "O Conflito de Interesses entre Diferentes Grupos Sociais". p. 70.

> da cooperação social, é temporário. Significa uma renúncia a um lucro pequeno e imediato em benefício de vantagens incomparavelmente melhores a longo prazo[2].

No entanto, de acordo com esse pressuposto, por que as pessoas sempre se *preocupam* com os interesses de longo prazo? Por que o interesse de longo prazo é "corretamente entendido"? Ludwig von Mises, mais do que qualquer outro economista de sua época, enfatizou a tendência do ser humano a obter satisfação *imediata*.

Em suma, as pessoas preferem pensar e agir no curto prazo, algumas com diferentes graus de imediatismo. Então, como Ludwig von Mises, um utilitarista, poderia dizer que a preferência pelo momento atual seria uma opção "melhor"? Seria preciso que uma doutrina moral, além do utilitarismo, afirmasse que as pessoas *deveriam* pensar e agir no longo prazo, sem se limitar aos interesses de curto prazo. Esse pressuposto é ainda mais importante nos casos em que a intervenção do governo concede mais, não "menos", ganhos aos privilegiados e em que a retribuição só é dada após um longo tempo, razão pela qual o "temporário" parece interminável.

Essas reflexões são ainda mais incisivas no notável e surpreendente ensaio "O problema internacional do direito de imigração", traduzido de um jornal publicado em Viena, no ano de 1935. É surpreendente em razão da crítica contundente às barreiras de imigração erguidas pelos Estados Unidos e pelo Reino Unido. Para Mises essas barreiras criavam uma

---

[2] Idem. *Ibidem.*, p. 80.

elite dominante, na qual os trabalhadores em uma área geográfica específica que tinham um alto padrão de vida usavam o Estado para manter os imigrantes confinados a um espaço com piores oportunidades de trabalho e, em consequência, com salários mais reduzidos.

Mises acrescentou, com propriedade, que, ao contrário do mito marxista da solidariedade internacional do proletariado, foram os sindicatos de países com um alto padrão de vida que defenderam a criação de restrições à imigração.

O economista austríaco não poupa críticas aos privilégios concedidos pelas barreiras à imigração:

> O "milagre" dos altos salários nos Estados Unidos e na Austrália citados com tanta frequência é resultado da política de oposição a uma nova imigração. Durante anos ninguém ousou tratar esse assunto na Europa[3].

Ludwig von Mises concluiu seu ensaio com uma justificativa implícita de uma Europa com excesso de população combatendo os países com medidas restritivas à imigração:

> É uma questão do direito de imigração para lugares maiores e mais produtivos, com clima adequado aos imigrantes europeus. Sem o restabelecimento da liberdade de imigração no mundo, não haverá paz duradoura[4].

---

[3] Na presente edição ver: "O Problema Internacional do Direito de Imigração". p. 107.
[4] Idem. *Ibidem.*, p. 110.

Nesta passagem, Mises tenta mostrar que no longo prazo as restrições à imigração prejudicarão os trabalhadores de países privilegiados; mas é evidente que o "prazo" é tão longo e as vantagens intermediárias tão significativas, que a harmonia utilitarista universal não consegue subsistir.

A mesma ruptura ocorre quando Ludwig von Mises, em seu já citado ensaio "O conflito de interesses entre diferentes grupos sociais", afirma que a guerra entre as nações e o nacionalismo não tem sentido, pelo menos em um prazo mais longo. Porém, Mises não menciona o problema das fronteiras nacionais; se a essência do poder do Estado-nação se baseia em sua hegemonia em determinada área territorial, existe conflito de interesses entre as nações e seus governantes quanto ao tamanho dos territórios onde o domínio é exercido.

Enquanto no livre mercado cada ganho de um homem representa o ganho de outro, a conquista territorial de um país significa a perda para outro, e, portanto, o conflito de interesses no que se refere às fronteiras é irreconciliável, mesmo que seja menos importante do que as poucas intervenções do governo nas sociedades.

A admirável teoria de classes misesiana foi curiosamente negligenciada por seus seguidores. Para que volte a ter a merecida importância, é preciso rejeitar a ideia de que o mundo onde a sociedade *e* os governantes privilegiados vivem é um ambiente de constante harmonia de interesses. Em uma avaliação crítica da teoria de Ludwig von Mises referente à preferência de períodos de tempo e outros questionamentos em sua análise "bem compreendida", concluímos por uma visão menos harmônica, em que os interesses do Estado privilegiado e do resto da sociedade são divergentes. Além disso, só os princípios morais que não se restringem à teoria do utilitarismo podem solucionar as disputas entre eles.

O CONFLITO DE INTERESSES E OUTROS ENSAIOS

CAPÍTULO 1

I

O uso da expressão "tensão de grupos sociais" para nos referirmos aos antagonismos contemporâneos é, sem dúvida, um eufemismo. Na verdade, enfrentamos conflitos irreconciliáveis, que resultam em guerras mundiais e civis quase contínuas, assim como em revoluções. Os tempos de paz não são consequência do amor à paz baseado em princípios filosóficos, e sim do fato de que os grupos envolvidos em conflitos ainda não terminaram os preparativos para a luta e, por conveniência, esperam um momento mais propício para desferir o primeiro golpe.

* Publicado originalmente em inglês com o título "The Clash of Group Interests" na coletânea *Approaches to National Unity* (Harper, 1945).

O Conflito de Interesses entre Diferentes Grupos Sociais*

Nas guerras as pessoas não divergem do consenso das doutrinas sociais contemporâneas. A existência de conflitos irreconciliáveis de interesses de diferentes grupos é um dogma aceito quase por unanimidade.

As opiniões diferem apenas quanto ao conceito ou definição de grupos genuínos e, em consequência, quanto ao que poderia ser considerado conflito genuíno. Os nacionalistas chamam as nações (o que significa na Europa grupos linguísticos), os racistas, as raças e os marxistas, as "classes sociais" de grupos genuínos, mas existe um consenso em relação à doutrina de que um grupo genuíno não tem condições de prosperar a não ser em detrimento de outros grupos genuínos. Nesse contexto, a coexistência entre grupos é sempre conflituosa.

Essa filosofia social protegeu-se da crítica ao defender o princípio do polilogismo[1]. Karl Marx (1818-1883), Joseph Dietzgen (1828-1888) e representantes radicais da "sociologia do conhecimento" alegam que a estrutura lógica da mente é diferente de acordo com as diversas classes sociais.

Se alguém não concorda com as teorias, é por não pertencer à classe operária, e, portanto, é incapaz de captar a filosofia proletária; se for um proletário, é um traidor. As objeções feitas ao marxismo são inúteis, porque seus autores são "bajuladores da burguesia". Do mesmo modo, os alemães racistas declararam que a lógica das diversas raças é, em sua essência, diferente. Os princípios da lógica "não ariana" e as teorias científicas desenvolvidas para aplicá-los não têm fundamentos para os "arianos".

Caso essa premissa esteja correta, a cooperação pacífica entre os seres humanos é impossível. Se os membros dos diversos grupos não conseguem chegar a um consenso no que se refere a teoremas matemáticos e de física, ou a questões biológicas, nunca descobrirão um padrão harmonioso de organização social.

A maioria de nossos contemporâneos que concorda com as teorias do polilogismo não assume posição tão radical como os marxistas e os racistas, entre outros. Mas uma doutrina perversa não é menos condenável pela timidez ou

---

[1] O polilogismo é discutido pelo autor de modo mais aprofundado, principalmente, nas seções 2 a 5 do capítulo 3 ("A Economia e a revolta contra a razão") da seguinte obra: MISES, Ludwig von. *Ação Humana: Um Tratado de Economia*. Trad. Donald Stewart Jr. São Paulo: Instituto Ludwig von Mises Brasil, 3ª Ed., 2010. p. 106-21. (N. E.)

moderação de sua expressão. A ciência social e política contemporânea faz amplo uso do polilogismo, embora seus defensores evitem expor abertamente e com clareza os fundamentos dos ensinamentos do polilogismo.

Assim, por exemplo, a teoria de comércio exterior de David Ricardo (1772-1823) é rejeitada por ser uma "superestrutura ideológica" dos interesses da burguesia britânica do século XIX. Quem quer que se oponha às doutrinas em voga da interferência do governo nos negócios ou nos sindicatos é rotulado, na terminologia marxista, de defensor dos interesses dos "exploradores" das classes menos favorecidas.

A conotação do uso das palavras "capital" e "trabalho" por cientistas sociais, historiadores, editores e políticos, assim como a maneira como lidam com os problemas do nacionalismo econômico, revela a aceitação da doutrina do conflito irreconciliável de interesses de diferentes grupos sociais. Enquanto houver esses conflitos, a guerra mundial ou a civil será inevitável.

As guerras não constituem uma oposição às doutrinas atuais. Na verdade, são o resultado lógico dessas doutrinas.

II

Esta é a primeira pergunta a que precisamos responder: quem são os membros dos grupos cujos conflitos estamos discutindo?

Em um sistema de castas a resposta é óbvia. A sociedade divide-se em castas rígidas. As castas concedem certos privilégios aos seus membros (*privilegia favorabilia*) ou determinadas restrições (*privilegia odiosa*). Um homem que pertence a uma casta por razões familiares continuará a viver nessa casta ao longo da vida, assim como seus filhos. Seu destino tem uma ligação indissolúvel com sua casta. Não existe expectativa de melhoria das condições de sua vida, a não ser que as circunstâncias de sua casta ou de sua classe social melhorem.

Nesse contexto, existe uma solidariedade de interesses entre todos os membros de uma casta e um conflito de interesses entre as diversas castas. As castas privilegiadas querem conquistar novos privilégios e manter os antigos. Por sua vez, as castas menos favorecidas esforçam-se para eliminar suas restrições. Em uma sociedade de castas existe antagonismo irreconciliável entre os interesses das várias castas.

O capitalismo substituiu a igualdade perante a lei pelo sistema de castas do passado. Segundo um economista liberal, em uma sociedade de livre mercado não existem pessoas privilegiadas ou menos favorecidas. Como não existem castas, não há conflitos. Nessa sociedade predomina a harmonia dos interesses corretamente entendidos (hoje, diríamos de longo prazo) de todas as pessoas e de todos os grupos.

O economista liberal não contesta o fato de que um privilégio concedido a um grupo definido de pessoas pode favorecer os interesses em curto prazo desse grupo, em detrimento do restante do país. Um imposto na importação de trigo aumenta seu preço no mercado interno e, por esse motivo, aumenta a receita dos agricultores. (Como este ensaio não aborda problemas econômicos, não é necessário mencionar a situação de mercado específica, para que o imposto tenha esse efeito).

Mas é improvável que a grande maioria dos consumidores aceite esse aumento de preço por muito tempo, porque beneficia apenas os produtores de trigo. Os consumidores eliminariam o imposto ou tentariam garantir proteções semelhantes, que lhes dessem um resultado proveitoso. Quando todos os grupos usufruem de privilégios, só os que têm privilégios bem maiores do que outros grupos se beneficiam dessas vantagens. Com privilégios iguais para todos os grupos, o benefício que uma pessoa usufrui como produtor e vendedor é absorvido pelos preços mais elevados que precisa pagar como consumidor e comprador.

No entanto, todos perdem porque os impostos desviam a produção de lugares que oferecem condições mais favoráveis e privilegiam locais com piores condições, o que reduz a receita do país. Os interesses de curto prazo de um grupo podem se beneficiar de um privilégio em detrimento de outras pessoas. Os interesses corretamente entendidos, isto é, de longo prazo, beneficiam-se da ausência de privilégios.

O fato de as pessoas ocuparem a mesma posição em uma sociedade de livre mercado não resulta em solidariedade em relação aos interesses de curto prazo. Ao contrário, uma posição igual no sistema da divisão de trabalho e de cooperação social os converte em concorrentes e rivais. Os conflitos de curto prazo entre concorrentes podem ser superados pela solidariedade de interesses de longo prazo de todos os membros de uma sociedade capitalista. Mas na ausência de privilégios não existirá sentimento de solidariedade, e sim antagonismo entre os interesses de um grupo e os dos demais membros da sociedade.

Em uma economia de livre comércio, os fabricantes de sapatos são apenas concorrentes. Eles podem se unir em um grupo com interesses em comum só se o privilégio lhes causar prejuízo, como, por exemplo, um imposto sobre sapatos (*privilegium favorabile*) ou uma lei que beneficie outras pessoas em detrimento deles (*privilegium odiosum*).

Esse pressuposto opõe-se à doutrina de Karl Marx do conflito irreconciliável dos interesses de classes. Não existem castas no capitalismo e na democracia burguesa. Porém existem distintas classes sociais, os exploradores e os explorados. O proletariado só tem um interesse em comum, a eliminação do sistema de salários e do estabelecimento da sociedade sem classes do socialismo. Os burgueses, por sua vez, unem-se em seu esforço para preservar o capitalismo.

A doutrina de Marx da guerra de classes baseia-se em sua análise do funcionamento do sistema capitalista e de sua admiração pelo modo de produção socialista. Porém, sua análise econômica do capitalismo tem sido vista como uma falácia total. O único argumento que Marx propôs para demonstrar que o socialismo era um sistema melhor do que o capitalismo foi a pretensão de ter descoberto a lei da evolução histórica; ou seja, que o socialismo seria o resultado natural "da inexorabilidade da lei da natureza".

Marx acreditava que o curso da história era um progresso contínuo de modos de produção social inferiores e menos desejáveis em direção a modos mais desejáveis. Nesse sentido, cada etapa posterior da organização social seria uma etapa melhor do que as precedentes, e, portanto, não havia dúvidas quanto aos benefícios do socialismo.

Em sua visão arbitrária de que o "caminho do futuro" conduzia a humanidade em direção ao socialismo, ele tinha a convicção que fizera o possível para provar a superioridade do socialismo. Marx não só se absteve de fazer uma análise da economia socialista, como condenou esses estudos como "utópicos" e sem "fundamentos científicos".

Todas as páginas da história dos últimos cem anos dão uma ideia falsa do dogma marxista, ou seja, que os proletários são inteligentes sem exceção e que existe uma solidariedade inabalável de interesses de trabalhadores assalariados no mundo inteiro. Representantes dos partidos "trabalhistas" de vários países uniram-se nas diversas *International Workingmen's Association* [Associação Internacional dos Trabalhadores]. Mas, enquanto se dedicavam a conversas irrelevantes sobre companheirismo internacional e fraternidade, os grupos de trabalho de vários países ocupavam-se em lutar uns contra os outros.

Os trabalhadores de países com população reduzida protegem, por meio de restrições à imigração, o padrão elevado de seus salários contra a tendência de equiparação salarial, inerente a um sistema de mobilidade livre de trabalho específico de cada país. Eles tentam proteger o sucesso no curto prazo das políticas "pró-trabalhistas", com a proibição da entrada de *commodities* produzidas no exterior ao mercado interno de seus países. Assim, criam tensões que causam guerras sempre que os prejudicados por essa política protecionista acham que podem eliminar, por meio da violência, as medidas dos governos estrangeiros prejudiciais ao seu bem-estar.

Vivemos em uma época de turbulência entre os interesses dos grupos econômicos. No entanto, essa situação conflituosa não é inerente ao funcionamento de uma economia capitalista desobstruída, e sim resultado de políticas governamentais que interferem no funcionamento do mercado. Não são conflitos de classes marxistas, mas consequências do fato de a humanidade ter retornado ao sistema de privilégios de determinados grupos e, por conseguinte, a um novo sistema de castas.

Em uma sociedade capitalista, a classe proprietária de bens é constituída por pessoas que foram bem-sucedidas em atender às necessidades dos consumidores e de seus herdeiros. Entretanto, recompensas e sucessos passados dão apenas uma vantagem temporária e sempre contestada sobre outras pessoas. Não só têm de competir sem cessar entre si, como também precisam defender todos os dias sua posição hegemônica contra recém-chegados que desejam eliminá-la.

O funcionamento do mercado elimina com regularidade os capitalistas e empresários incompetentes e os substitui por *parvenus*, em um círculo vicioso os homens ricos empobrecem e os pobres enriquecem. A característica específica da classe proprietária de bens é a volatilidade da composição de seus membros, e, por esse motivo, o ingresso nessa classe não tem barreiras. Mas a permanência exige uma sequência ininterrupta de negócios de sucesso; por sua vez, a concorrência é fator desagregador entre seus membros.

O homem de negócios bem-sucedido não está interessado em proteger os capitalistas e empresários incompetentes das instabilidades do mercado. Em geral, só as gerações posteriores desses capitalistas e empresários têm um interesse egoísta em manter as medidas "estabilizadoras". No entanto, no mundo do capitalismo comprometido com os princípios da política do consumidor, eles não conseguem manter esses privilégios.

Porém agora vivemos em uma época que incentiva a produção. Segundo as doutrinas "não ortodoxas" atuais, a principal tarefa de um governo eficiente é pôr obstáculos no caminho do inovador bem-sucedido, beneficiando, assim, os concorrentes menos eficientes, ao mesmo tempo que prejudicam os consumidores. Em países de economia predominantemente industrial, a principal característica dessa política é a proteção da agricultura nacional contra a competição da agricultura praticada em outros países, que se beneficiam de condições físicas mais favoráveis.

Por outro lado, nos países de economia baseada na agricultura o governo protege a indústria nacional da competição externa de uma produção com custos mais baixos. É um retorno às políticas econômicas restritivas rejeitadas pelos países liberais durante os séculos XVIII e XIX. Se as pessoas não tivessem rejeitado essas políticas, o extraordinário progresso econômico do capitalismo nunca teria sido alcançado. Se os países europeus não tivessem aberto suas fronteiras à importação de algodão, tabaco, trigo, entre outros produtos produzidos pelos Estados Unidos, e se as gerações de norte-americanos mais velhos tivessem proibido a importação de produtos manufaturados da Europa, os Estados Unidos não teriam atingido o nível de prosperidade econômica atual.

A política de incentivo à produção integra grupos de pessoas que, de outra forma, seriam concorrentes, com grupos de pressão com interesses comuns. No início da construção das ferrovias, os cocheiros das carruagens não ousaram opor reação a esse novo concorrente. A opinião pública tornaria essa luta competitiva em um esforço inútil. Mas hoje os produtores de manteiga estão lutando com sucesso contra os fabricantes de margarina e os músicos lutam para sobreviver na indústria fonográfica.

Atualmente, os conflitos internacionais têm a mesma origem. Os agricultores americanos querem impor restrições às importações de grãos, gado e carne da Argentina. Os países europeus agem do mesmo modo contra a importação de produtos dos Estados Unidos e da Austrália.

As raízes atuais do antagonismo entre os diversos grupos são resultado de um retorno iminente ao sistema rígido de castas. A Austrália e a Nova Zelândia são países democráticos. Se ignorarmos o fato de que suas políticas internas estão criando uma pressão na sociedade, então poderíamos dizer que construíram uma coletividade homogênea, com direitos iguais perante a lei.

Mas suas leis de imigração, que impõem restrições às pessoas não só de raça negra e mestiça, como também a imigrantes brancos, significam que a sociedade desses países constitui uma casta privilegiada. Seus cidadãos trabalham em condições que protegem o trabalho individual e, em consequência, os altos salários. Os trabalhadores e os agricultores estrangeiros estão excluídos da oportunidade de usufruir desses benefícios. Se os sindicatos americanos proibirem o ingresso de pessoas de raça negra ou mestiça no setor de produção, as diferenças raciais criariam uma casta privilegiada.

Não se trata de discutir se a preservação e o desenvolvimento da civilização ocidental exigem a manutenção da segregação geográfica de diversos grupos raciais. O objetivo deste ensaio é abordar os aspectos econômicos dos conflitos de diferentes grupos. Caso seja verdade que o preconceito racial dificulta a oportunidade de ascensão socioeconômica das populações de raça negra ou mestiça em lugares densamente povoados, isso não contradiz a premissa de que em uma sociedade capitalista desobstruída não existam conflitos irreconciliáveis de interesses de diferentes grupos sociais.

Ao contrário, isso demonstra que os fatores raciais desaconselham a praticar os princípios do capitalismo e da economia de mercado em suas últimas consequências e que os conflitos entre as diversas raças são, por razões não econômicas, irreconciliáveis. Porém, não contradiz a opinião dos liberais de que em uma sociedade de livre iniciativa e mobilidade social, das *commodities* e do capital, não existem conflitos de interesses individuais de longo prazo de determinados grupos.

III

A crença nos conflitos irreconciliáveis de interesses de diferentes grupos é antiga. Essa crença é um pressuposto básico da doutrina mercantilista. Os mercantilistas tinham argumentos consistentes para deduzir a partir desse princípio que a guerra era inerente às relações humanas e, portanto, sempre existiria. O mercantilismo era uma filosofia belicosa.

Gostaria de citar duas manifestações tardias dessa doutrina. Primeiro, um comentário de Voltaire (1694-1778). Na época de Voltaire, o fascínio do mercantilismo já se havia rompido. A Fisiocracia francesa e a Economia Política britânica estavam na iminência de suplantá-lo. Mas Voltaire ainda não conhecia essas novas doutrinas, embora um de seus amigos, David Hume (1711-1776), fosse seu principal defensor. Assim, escreveu em seu *Dictionnaire Philosophique* [*Dicionário Filosófico*]: *"Être bon patriote, c'est souhaiter que sa ville s'enrichisse par le commerce et soit puissante par les armes. Il est clair que un pays ne peut gagner sans qu'un autre perd, et qu'il ne peut vaincre sans faire des malheureux"*[2].

Nesse pensamento de Voltaire temos em um belo francês a fórmula da guerra moderna, tanto econômica quanto militar. Mais de oitenta anos depois o príncipe Luís Napoleão Bonaparte (1808-1873), futuro imperador Napoleão III, fez, em um francês menos perfeito, uma observação semelhante, porém mais seca e rude. Em suas palavras: *"La quantité des merchandises qu'un pays exporte est toujours en raison directe du nombre des boulets qu'il peut envoyer à ses ennemis, quand son honneur et sa dignité le commandent"*[3].

---

[2] *"Um bom patriota deseja que sua cidade enriqueça com o comércio e que tenha poder militar. É evidente que o sucesso de um país depende do insucesso de outro e que sua hegemonia só será alcançada com a infelicidade dos outros"*. (N. T.)

[3] BONAPARTE, Louis-Napoléon. *Extinction du pauperisme*. Paris: Bonaventure et Ducessois, 1848. p. 6. [*"A quantidade de mercadorias que um país exporta tem*

Os antecedentes dessas opiniões refletiram-se nas realizações dos economistas clássicos e nas políticas liberais inspiradas por eles. Pela primeira vez na história da humanidade, uma filosofia social demonstrou o consenso harmonioso dos interesses de todos os homens e de todos os grupos sociais. Essa filosofia de cooperação pacífica entre os homens representou uma mudança radical dos padrões morais tradicionais e a criação de um novo código de ética.

Todas as antigas doutrinas morais eram heteronômicas. Em seus princípios, a lei moral era uma condição imposta ao ser humano pelos desígnios insondáveis do céu ou pela voz misteriosa da consciência. Embora um grupo forte tivesse o poder de melhorar seu bem-estar terreno ao prejudicar grupos mais fracos, ele obedeceria à lei moral e se privaria de seus interesses egoístas em benefício dos mais fracos. O cumprimento da lei moral significava sacrificar vantagens pessoais ou coletivas.

No entanto, no contexto da doutrina econômica esse padrão de comportamento é diferente. Em uma economia de mercado não existem conflitos entre os interesses egoístas pessoais e coletivos. No curto prazo, uma pessoa ou um grupo podem beneficiar-se da violação dos interesses individuais ou coletivos. Porém, em longo prazo, essa violação prejudicará seus interesses egoístas na mesma proporção dos que haviam causado dano. O sacrifício que um homem ou um grupo faz ao renunciar a benefícios de curto prazo, para não

relação direta com o número de balas que pode enviar aos seus inimigos, quando sua honra e sua dignidade o exigem". (N. T.)].

ameaçarem as formas pacíficas da cooperação social, é temporário. Significa uma renúncia a um lucro pequeno e imediato em benefício de vantagens incomparavelmente melhores em longo prazo.

Esses eram os conceitos básicos dos ensinamentos morais do utilitarismo do século XIX. Siga a lei moral em seu próprio benefício, sem medo do inferno ou de prejudicar outros grupos, e sim visando a seu interesse. Renuncie ao nacionalismo econômico e à conquista, não em benefício dos estrangeiros, mas para satisfazer os interesses de seu país ou sua posição.

A vitória parcial dessa filosofia resultou nas realizações econômicas e políticas maravilhosas do capitalismo moderno. Em consequência dessa filosofia, existem mais pessoas no mundo do que antes da "Revolução Industrial". Além disso, nos países capitalistas mais desenvolvidos as massas têm vida mais confortável do que as pessoas ricas em épocas anteriores.

O fundamento científico da ética utilitarista baseava-se nos ensinamentos da economia. A ética utilitarista obedecia às regras econômicas. Seria, é claro, um erro pressupor que essa ciência econômica era factível e necessária, porque concordávamos em aplicá-la ao problema da preservação da paz. A existência de um fenômeno econômico regular e da possibilidade de um estudo científico e sistemático das leis econômicas não deveria ser pressuposta *a priori*. A primeira tarefa de qualquer preocupação com o que chamamos de problemas econômicos seria o questionamento epistemológico da existência da economia.

Se o exame minucioso dos fundamentos epistemológicos da economia confirmar os conceitos da Escola Historicista

Alemã de Economia e da Economia Institucional Norte-Americana, ou seja, que a teoria econômica não existe e que os princípios nos quais os economistas basearam seu sistema são ilusórios, então os conflitos violentos entre diversas raças, nações e classes sociais são inevitáveis.

Portanto, a doutrina da cooperação social pacífica deveria ser substituída pela doutrina militarista da guerra eterna e derramamento de sangue. Os defensores da paz são tolos. Suas ideias originam-se do desconhecimento dos problemas básicos das relações humanas. Só existe a doutrina social defendida pelos economistas "ortodoxos" e "reacionários", segundo a qual a paz é desejável e possível.

É claro, os nazistas prometeram a paz depois da vitória final, quando todas as outras nações e raças tivessem aprendido que seu papel na sociedade era servir como escravos à Super-Raça. Os marxistas prometeram paz após a vitória final do proletariado, ou, nas palavras de Karl Marx, depois que a classe operária tivesse enfrentado *"longas lutas e uma série de processos históricos, que haviam transformado as circunstâncias e os homens"*[4].

Porém, esse é um pequeno consolo. De qualquer modo, essas opiniões não invalidam o pressuposto de que os nacionalistas e os marxistas pensam que um conflito violento de interesses de diferentes grupos sociais é um fenômeno necessário de nossa época e de que, por esse motivo, atribuem valor moral à guerra mundial e à guerra de classes.

[4] MARX, Karl. *Der Buergerkrieg in Frankreich*. Berlin: Pfemfert, 1919. p. 54.

IV

O fato mais notável na história de nossa época é a revolta contra o racionalismo, a economia e a filosofia social utilitarista; é ao mesmo tempo uma revolta contra a liberdade, a democracia e o governo representativo. Em geral, distingue-se no contexto desse movimento um partido de esquerda e um de direita. Mas a distinção é falsa, porque é impossível classificar em qualquer desses grupos os grandes líderes do movimento. Georg Wilhelm Friedrich Hegel (1770-1831), era um homem de esquerda ou de direita? Os hegelianos de esquerda e os hegelianos de direita estão corretos em referir-se a Hegel como seu mestre. George Sorel (1847-1922) era um homem de esquerda ou de direita?

Vladimir Lenin (1870-1924) e Benito Mussolini (1883-1945) eram seus discípulos intelectuais. Otto von Bismarck (1815-1898) é considerado um reacionário. No entanto, seu projeto de assistência social constituiu o auge da tendência progressista atual. Se Ferdinand Lassalle (1825-1864) não fosse filho de pais judeus, os nazistas o teriam enaltecido como o primeiro líder trabalhista da Alemanha e o fundador do Partido Nacional Socialista dos Trabalhadores Alemães, além de um de seus representantes mais importantes. Do ponto de vista do verdadeiro liberalismo, todos os defensores da doutrina de conflito formam um grupo homogêneo.

A principal arma dos antiliberais de esquerda e de direita é a crítica aos seus adversários. O racionalismo é considerado superficial e sem fundamento histórico. O utilitarismo é um sistema perverso da ética de especulação. Além disso, nos países que não são anglo-saxões é qualificado de produto da "mentalidade de comerciante" inglesa e da "filosofia do dólar" norte-americana. A economia é chamada com desprezo de "ortodoxa", de "reacionária", de "economia monarquista" e de "ideologia de Wall Street".

O desconhecimento dos fundamentos da economia da maioria de nossos contemporâneos é desolador. Todas as grandes questões das controvérsias políticas são econômicas. Porém, mesmo com a exclusão do problema fundamental do capitalismo e do socialismo, constatamos que os temas discutidos diariamente no cenário político só podem ser compreendidos por meio do raciocínio econômico. Mas as pessoas, até os líderes civis, os políticos e os editores, não demonstram interesse pelo estudo da economia e orgulham-se de sua ignorância. Eles têm medo de que o conhecimento da economia interfira na autoconfiança e na complacência ingênua com que repetem *slogans*.

É possível que entre os milhares de eleitores só um saiba a opinião dos economistas a respeito dos efeitos do valor do salário mínimo fixado por um decreto governamental, por pressão dos sindicatos ou por imposição. A maioria das pessoas acha que o aumento do valor do salário mínimo acima do nível dos salários estabelecido pelo mercado de trabalho é uma política que beneficia os assalariados. As pessoas não suspeitam que o valor elevado do salário mínimo pode provocar o desemprego de parte considerável da mão-de-obra. Não sabem que mesmo Karl Marx negava o poder dos sindicatos de aumentar os salários de todos os trabalhadores, e que os marxistas antigos se opunham a qualquer tentativa de fixar o valor do salário mínimo.

Nem sabem que o plano de lorde John Maynard Keynes (1883-1946) para garantir a oportunidade de trabalho para todos os trabalhadores, apoiado com entusiasmo pelos "progressistas", se baseava, em essência, na redução do valor *real* dos salários. Keynes recomendava uma política de expansão de crédito, porque acreditava que "a diminuição gradual e automática dos salários como resultado do aumento dos preços" não encontraria resistência tão forte dos sindicatos como, por exemplo, uma tentativa de reduzir o valor dos salários[5]. Não seria ousado demais afirmar que, em relação a esse problema primordial, os especialistas "progressistas" não eram diferentes dos "instigadores reacionários". Mas, nesse sentido, a doutrina do conflito irreconciliável de interesses entre empregadores e empregados não tem base científica.

Um aumento duradouro nos índices salariais para todos os assalariados só é possível pela acumulação de capital adicional e pelo aperfeiçoamento da técnica dos métodos de produção que essa riqueza adicional possibilita. Assim, os interesses de longo prazo dos empregadores e dos empregados coincidem.

É provável que só pequenos grupos tenham a percepção de que os adeptos do livre comércio se opõem às diversas medidas do nacionalismo econômico porque consideram que essas medidas são prejudiciais para o bem-estar de suas

[5] KEYNES, John Maynard. *The General Theory of Employment, Interest and Money*. London: Macmillan, 1939. p. 264. Para uma análise crítica dessa ideia, ver: HAHN, Albert. "Deficit Spending and Private Enterprise". *Postwar Readjustments Bulletin*, Number 8, U.S. Chamber of Commerce, p. 28-29.

nações e não em razão de quererem sacrificar os interesses de seus concidadãos em benefício dos interesses dos estrangeiros. Sem dúvida, poucos alemães nos anos críticos antes da ascensão de Adolf Hitler (1889-1945) achavam que os nacionalistas agressivos e que se opunham com veemência a uma nova guerra não eram traidores, prontos a vender os interesses vitais da nação alemã ao capitalismo estrangeiro, e sim patriotas que queriam poupar seus concidadãos de uma carnificina sem sentido.

A terminologia habitual que classifica as pessoas como amigas ou inimigas do trabalho e de nacionalistas e adeptos do internacionalismo é uma evidência do fato de que a ignorância dos ensinamentos elementares da economia é um fenômeno quase universal. O conflito filosófico está enraizado na mente de nossos contemporâneos.

Uma das objeções feitas à recomendação da filosofia liberal de uma sociedade de livre mercado é a seguinte: "A humanidade não irá regredir a um sistema do passado. O capitalismo está condenado porque era uma organização social do século XIX, uma época que já não existe".

No entanto, os supostos progressistas apoiam um retorno à organização social do período anterior à "Revolução Industrial". As diversas medidas adotadas pelo nacionalismo econômico são uma imitação das políticas do mercantilismo. Os conflitos jurisdicionais entre sindicatos não são diferentes das lutas entre as guildas medievais e as estalagens. Como os príncipes europeus absolutistas dos séculos XVII e XVIII, esses absolutistas modernos apoiam um sistema em que o governo comanda as atividades econômicas de seus cidadãos.

Não seria plausível excluir a hipótese do retorno das políticas liberais de Richard Cobden (1804-1865) e de John Bright (1811-1889) se achássemos natural retomar à política intervencionista do rei Luís XIV (1638-1715) e de Jean-Baptiste Colbert (1619-1683).

V

A filosofia de nossa época é uma doutrina baseada em conflitos irreconciliáveis e desunião. As pessoas valorizam seu partido, sua classe, seu grupo linguístico ou seu país como a entidades supremas, acreditam que seu grupo específico só poderá prosperar em detrimento de outros grupos e não toleram nenhuma medida que, na opinião delas, seja uma renúncia aos interesses essenciais do grupo.

Portanto, qualquer acordo pacífico com outros grupos é impossível. A intransigência implacável do leninismo, do nacionalismo francês e dos nazistas é um exemplo da irreconciliabilidade de grupos diferentes. O mesmo se aplica aos assuntos internos de um país. Nenhum grupo de pressão quer renunciar às suas pretensões de unidade nacional.

Felizmente, forças poderosas estão se opondo às tendências de desunião e conflito, como ocorre neste país com o prestígio tradicional da Constituição. Essas forças interromperam a ação de diversos grupos de pressão locais para romper a unidade econômica da nação com a criação de barreiras comerciais. Mas a longo prazo até essas nobres tradições serão incapazes de deter o processo de desarmonia e desintegração sem o apoio da filosofia social com sua defesa da primazia dos interesses da sociedade e da harmonia com os interesses individuais[6].

[6] Para uma evolução da ideia apresentada no presente ensaio, ver: MISES, Ludwig von. *Socialism: An Economic and Sociological Analysis*. London: Jonathan Cape, 1951. p. 328-51; MISES, Ludwig von. MISES, Ludwig von. *Theory and History: An Interpretation of Social and Economic Evolution*. Yale: Yale University Press, 1957. p. 112-46. [Em português a segunda obra foi lançada como: MISES, Ludwig von. *Teoria e História: Uma Interpretação da Evolução Social e Econômica*. Pref. Murray N. Rothbard; trad. Rafael de Sales Azevedo. São Paulo: Instituto Ludwig von Mises Brasil, 2014. (N. E.)].

CAPÍTULO 2

Atualmente, uma opinião quase universal afirma que a crise econômica dos últimos anos marcou o fim do capitalismo. Em tese o capitalismo fracassou, foi incapaz de solucionar os problemas econômicos, e, portanto, a humanidade, por uma questão de sobrevivência, não tem alternativa a não ser fazer uma transição para uma economia planejada, isto é, o socialismo.

Essa ideia não é nova. Os socialistas sempre alegaram que as crises econômicas são resultado inevitável do método capitalista de produção

* Publicado originalmente em alemão como "Die Legende von Versagen des Kapitalismus" na coletânea *Der Internationale Kapitalismus und die Krise: Festschrift fur Julius Wolf* (Enke, 1932). Traduzido para o inglês como "The Myth of the Failure of Capitalism" por Jane E. Sanders. A tradutora Jane E. Sanders gostaria de agradecer os comentários e sugestões do professor John T. Sanders, do Rochester Institute of Technology, e do professor David. R. Henderson, da Universidade de Rochester, na preparação da tradução.

O Mito do Fracasso do Capitalismo*

e que, por conseguinte, só a transição para o socialismo será capaz de eliminar as crises econômicas. Esses pressupostos expressos com mais vigor nos dias atuais, e que provocam reação tão intensa do público, não são resultado de uma crise mais profunda ou mais longa do que as precedentes, e sim de a opinião pública ser mais influenciada pelos pontos de vista socialistas do que nos anos anteriores.

I

Quando não existe uma teoria econômica, crê-se que quem quer que detenha o poder e estiver determinado a usá-lo terá possibilidades ilimitadas de realização. No interesse de seu bem-estar espiritual e na visão direcionada à recompensa do céu, os governantes são aconselhados pelos padres a moderar o exercício de seu poder. Além disso, não se trata dos limites que as condições inerentes da vida do ser humano e da produção impõem a esse poder, mas sim do que esses governantes consideram como poder ilimitado e onipotente no campo das questões sociais.

A criação das ciências sociais, o trabalho de estudiosos importantes, entre os quais se destacaram David Hume (1711-1776) e Adam Smith (1723-1790), destruíram essa concepção. O poder social era espiritual e não (como se supunha) material e, no sentido mais estrito da palavra, um poder real. E houve o consenso de que existe uma coerência no contexto do mercado que o poder é incapaz de destruir.

As pessoas também se conscientizaram de que as questões sociais tinham um *modus operandi*, que os poderosos não poderiam influenciar e ao qual teriam de se adaptar, assim como se adaptavam às leis da natureza. Essa descoberta extraordinária não teve precedentes na história do pensamento humano e da ciência.

No contexto do reconhecimento das leis do mercado, a teoria econômica mostra o tipo de situação que resulta da interferência da força e do poder no processo do livre mercado. Uma intervenção isolada não consegue atingir o objetivo previsto pelas autoridades e, em consequência, causa um efeito indesejável do ponto de vista dessas autoridades. Mesmo na concepção dos representantes do poder público, a intervenção é inútil e prejudicial.

Nessa perspectiva, se quisermos organizar a atividade do mercado de acordo com as conclusões do pensamento científico e não só com a intenção de obter reconhecimento em seu benefício, inevitavelmente rejeitaremos essas intervenções como supérfluas, desnecessárias e prejudiciais, um conceito característico do pensamento liberal. Esse conceito também se aplica à organização de nossas ações para que possamos atingir as metas desejadas.

O liberalismo não tem a intenção de impor padrões de valor às ciências; o pensamento liberal quer que a ciência seja uma bússola para as atividades do mercado. O liberalismo usa os resultados da pesquisa científica para construir uma sociedade capaz de realizar da maneira mais eficaz possível seus objetivos. Os grupos políticos e econômicos não têm opiniões divergentes quanto às suas metas, e sim no que se refere aos meios que empregam para alcançá-las.

Na opinião dos liberais, a propriedade privada dos meios de produção é a única forma de criar riqueza para a sociedade, porque acreditam que o socialismo é impraticável. Além disso, em sua concepção o intervencionismo, que, segundo a opinião de seus defensores, se situa entre o capitalismo e o socialismo, não consegue atingir os objetivos propostos.

A visão liberal sofre forte oposição. Mas os opositores do liberalismo não tiveram sucesso em abalar os fundamentos de sua teoria nem a aplicação prática dessa teoria. Eles não tentaram se defender da crítica veemente dos liberais em relação aos seus planos com uma argumentação lógica; em vez disso, usaram argumentos cheios de subterfúgios.

Os socialistas não se sentiam criticados pelos liberais, porque o marxismo não questionava a criação e a eficácia de uma organização intergovernamental socialista e herética; para os marxistas, o Estado socialista do futuro era o céu na terra, mas se recusavam a discutir os detalhes de seus planos.

Os intervencionistas escolheram outro caminho. Questionaram, sem fundamentos suficientes, a validade universal da teoria econômica. Sem argumentos lógicos para refutar a teoria econômica, referiram-se apenas ao "*pathos* moral" na reunião de criação do *Vereins für Soziapolitik* [Associação para Política Social] em Eisenach, na Alemanha. Confrontaram a lógica com o moralismo, a teoria com o preconceito emocional, e a referência com a vontade do Estado.

A teoria econômica previu os efeitos do intervencionismo e do socialismo exatamente como aconteceram. Todas as advertências foram ignoradas. Durante cinquenta ou sessenta anos, a política nos países europeus se opôs ao capitalismo e ao liberalismo. Há mais de quarenta anos Sidney Webb (1859-1947), Lorde Passfield, escreveu:

> [...] agora não resta dúvida de que a filosofia socialista atual é a afirmação consciente e explícita dos princípios da organização social que já haviam sido adotados em grande parte de maneira inconsciente. A história econômica deste século é um registro quase contínuo do progresso do socialismo[7].

No início desse desenvolvimento, o liberalismo na Grã-Bretanha conseguiu por tempo mais longo rejeitar a política econômica anticapitalista. Desde então, a política intervencionista fez um grande progresso. Em geral, vivemos em uma

[7] WEBB, Sidney. "Historic". In: SHAW, G. Bernard (Org.). *Fabian Essays in Socialism*. Ed. norte-americana H. G. Wilshire. New York: The Humboldt Publishing Co., 1891. p. 4.

época em que a "economia obstruída" é hegemônica – o sinal abençoado da futura consciência da coletividade socialista.

Agora que a previsões da teoria econômica se concretizaram, que os efeitos da política econômica anticapitalista se evidenciaram, ouve-se um grito por todos os lados: isso é o declínio do capitalismo, o sistema capitalista fracassou!

O liberalismo não é responsável pelas instituições que caracterizam a política econômica atual. O liberalismo opõe-se à nacionalização e ao controle municipal de projetos, que se revelaram catastróficos para o setor público, além de serem uma fonte de corrupção. O pensamento liberal faz objeções à falta de proteção dos que querem trabalhar e à sujeição do poder do Estado à força dos sindicatos, e opõe-se ao seguro-desemprego, que transformou o desemprego em fenômeno permanente e universal.

Os liberais se opõem à assistência social responsável pela criação de um grupo de pessoas descontentes, dos que se fingem de doentes, e dos neurastênicos; são contra as tarifas e, portanto, implicitamente se opõem à formação de cartéis, à limitação da liberdade de viver, de viajar ou de estudar onde se quiser, aos impostos excessivos e à inflação, aos armamentos, à conquista de colônias, à opressão das minorias, ao imperialismo e à guerra. O liberalismo opõe resistência obstinada à política de estímulo ao consumo e não cria milícias armadas à espera de uma oportunidade adequada para começar uma guerra civil[8].

---

[8] Uma análise mais sistemática e ampla do autor sobre os principais aspectos da doutrina liberal é apresentada em: MISES, Ludwig von. *Liberalismo: Segundo*

II

A linha de raciocínio que culpa o capitalismo por alguns dos problemas citados baseia-se na visão de que os empresários e os capitalistas já não são liberais, e sim intervencionistas e partidários de um Estado forte e centralizador. A visão é correta, mas as conclusões que as pessoas tiram desse fato são equivocadas.

Essas conclusões originam-se de uma concepção marxista insustentável, segundo a qual os empresários e os capitalistas protegeram os interesses especiais de sua classe social por meio do liberalismo na época de prosperidade do capitalismo. Mas agora, no período final de declínio do capitalismo, eles protegem esses mesmos interesses com a prática do intervencionismo.

Nesse sentido, a "economia obstruída" do intervencionismo é historicamente necessária na etapa do capitalismo em que estamos. Porém, o conceito da política econômica clássica e do liberalismo como uma ideologia (no sentido marxista da palavra) da burguesia é uma das teorias destorcidas do marxismo.

Os empresários e capitalistas eram pensadores liberais em torno de 1800 na Grã-Bretanha e intervencionistas, partidários do estatismo e socialistas por volta de 1930 na Alemanha, porque foram atraídos pelas ideias predominantes da

---

a Tradição Clássica. Preâmbulo de Louis M. Spadaro; prefs. Thomas Woods & Bettina Bien Greaves; trad. Haydn Coutinho Pimenta. São Paulo: Instituto Ludwig von Mises Brasil, 2ª Ed., 2010. (N. E.)

época. Tanto em 1800 quanto em 1930 os empresários tinham interesses especiais, que eram protegidos pelo intervencionismo e prejudicados pelo liberalismo.

Hoje, os grandes empresários são citados com frequência como "líderes econômicos". Porém, a sociedade capitalista não tem "líderes econômicos". Esta é a diferença entre a economia socialista e a capitalista; nesta última, os empresários e os proprietários dos meios de produção não seguem uma liderança, salvo a da economia de mercado. O hábito de dizer que os grandes empresários são líderes econômicos sugere que, em geral, as pessoas alcançam a posição de líderes em razão do sucesso econômico e não por outros meios.

No Estado intervencionista, a atenção especial às necessidades do consumidor e com o menor custo possível, essenciais para o sucesso de uma empresa, já não eram fatores vitais. Era muito mais importante ter "boas relações" com os grupos que controlavam a política, e, por esse motivo, as intervenções beneficiavam as empresas. Alguns incentivos fiscais para a produção de uma empresa e menos incentivos para o insumo no processo de manufatura poderiam ajudar mais a empresa do que a extrema prudência na condução dos negócios.

Uma empresa poderia ser bem administrada, mas seu desempenho estaria ameaçado se não soubesse proteger seus interesses da incidência de impostos, das negociações salariais nos conselhos de arbitragem e do controle dos cartéis. As "conexões" eram muito mais importantes do que ter uma produção de qualidade e com preço acessível.

Em consequência, os homens que atingiam o cargo máximo de direção dessas empresas não eram os profissionais que tinham experiência administrativa, ou que sabiam direcionar a produção à demanda do mercado. Na verdade, eram profissionais que tinham bom relacionamento com os que estavam "acima" e "abaixo" na escala hierárquica, que sabiam lidar com a imprensa e com todos os partidos políticos, sobretudo com os radicais, desde que não cometessem nenhum ato ofensivo.

Essa classe de executivos tinha relações mais estreitas com autoridades federais e líderes de partidos do que com clientes. Como muitos empreendimentos de risco dependiam de favores políticos, seus administradores precisavam retribuir aos políticos com alguma vantagem. Nos últimos anos, todos os grandes empreendimentos gastaram somas consideráveis com negócios que desde o início não pareciam lucrativos, mas que, apesar das perdas inevitáveis, teriam de ser concluídos por razões políticas. As retribuições incluíam o financiamento de campanhas eleitorais e de instituições públicas de assistência social, entre outras atividades, que não se relacionavam aos negócios.

Existia uma pressão crescente para que os diretores dos grandes bancos, do setor industrial e de empresas de capital aberto tivessem uma posição mais independente em relação aos acionistas. Essa "tendência política de socialização das grandes empresas", ou seja, de não se preocupar tanto com o "melhor rendimento possível para os acionistas", foi visto pelos escritores partidários do estatismo como um sinal que o capitalismo havia sido derrotado[9].

---

[9] KEYNES, John Maynard. "The End of *laisser-faire*" (1926). In: *Essays in Persuasion*. Nem York: W. W. Norton & Co., Inc., 1932. p. 314-15.

Durante a reforma do modelo de concentração acionária na Alemanha, as medidas legais privilegiaram os interesses e o bem-estar dos empresários, isto é, era preciso preservar "sua autoestima econômica, legal e social, assim como seu mérito constante e sua independência" acima dos interesses dos acionistas[10].

Atualmente, com o apoio da influência do Estado e com a aprovação da opinião pública intervencionista, os líderes das grandes empresas sentem-se tão fortalecidos em relação aos acionistas, que não precisam se preocupar tanto com seus interesses. Na administração de negócios em países onde o controle econômico e político da sociedade se concentra nas mãos de um Estado forte e centralizador, como, por exemplo, nos países do antigo Império Austro-Húngaro, eles têm a mesma preocupação com o lucro que um diretor de órgão público. O resultado é a ruína. Segundo uma teoria da época, essas empresas eram grandes demais para ser administradas apenas com o objetivo de lucro. Essa teoria era extraordinariamente oportuna sempre que o resultado da administração de uma empresa sem finalidade de lucro fosse à falência. Era também conveniente porque exigia a intervenção do Estado para ajudar as empresas que não podiam falir.

---

[10] PASSOW, Richard. *Der Strukturwandel der Aktiengesellschaft: im Lichte der Wirtschaftsenquete*. Jena: Verlag von Gustav Fischer, 1939. p. 4.

III

Mas o socialismo e o intervencionismo ainda não haviam eliminado o capitalismo[11]. Se o tivessem feito, os europeus, depois de séculos de prosperidade, redescobririam o significado da escassez de víveres em larga escala. O capitalismo ainda era forte o suficiente para estimular a criação de novas empresas, enquanto as já existentes melhoravam e expandiam seus equipamentos e atividades. A resistência do capitalismo em nossa sociedade era responsável por todos os progressos econômicos anteriores, assim como o será no futuro. No entanto, o capitalismo sofria sempre os efeitos prejudiciais da intervenção do governo, e grande parte dos lucros das empresas era gasto com o pagamento de impostos, a fim de custear as despesas dos órgãos públicos de baixa produtividade.

A crise mundial é consequência do intervencionismo, de um Estado centralizador e do socialismo municipal: em resumo, é resultado das políticas anticapitalistas[12]. A sociedade capitalista é guiada pelo mecanismo da economia de livre mercado. Não existem divergências de opinião quanto a essa

---

[11] Para uma discussão na perspectiva misesiana acerca das diferenças principais entre capitalismo, socialismo e intervencionismo, ver os três primeiros capítulos da seguinte obra: MISES, Ludwig von. *As Seis Lições: Reflexões sobre Política Econômica para Hoje e Amanhã*. Apres. Murray N. Rothbard; prefs. Ubiratan Jorge Iorio & Margit von Mises; intr. Bettina Bien Greaves; posf. Alex Catharino; trad. Maria Luiza X. de A. Borges. São Paulo: LVM, 2017. (N. E.)

[12] O autor discute a mentalidade que legitima tais políticas anticapitalistas na seguinte obra: MISES, Ludwig von. *A Mentalidade Anticapitalista*. Ed. e pref. Bettina Bien Greaves; apres. F. A. Hayek; pref. Francisco Razzo; posf. Israel M. Kirzner; trad. Carlos dos Santos Abreu. São Paulo: LVM, 3ª ed., 2017. (N. E.)

premissa. Os preços do mercado dão coerência à lei da oferta e da procura e definem a direção e a extensão da produção. O livre mercado proporciona sentido à economia capitalista. Enquanto a função reguladora do livre mercado na produção for ameaçada pela intervenção do governo em sua tentativa de determinar preços, salários e taxas de juros, em vez de deixar que o livre mercado os determine, a crise será inevitável.

Frédéric Bastiat (1801-1850) não fracassou, e sim Karl Marx (1818-1883) e Gustav von Schmoller (1838-1917).

CAPÍTULO 3

As discussões sobre os problemas da paz e da Liga das Nações[13] fizeram progresso significativo nos últimos meses. Hoje, ouve-se com frequência que a garantia de paz não se baseia apenas em decretos. Ao contrário, a paz duradoura depende de circunstâncias que

* Publicado originalmente em alemão como "Freiziigigkeit als internationales Problem" na edição do Natal de 1935 do periódico *Wiener Wirtschaftswoche*. Traduzido para o inglês como "The Freedom to Move as an International Problem" por Bettina Bien Greaves.

[13] Referência ao organismo internacional, conhecido, também, como Sociedade das Nações, fundado em 28 de junho de 1919, como parte dos esforços do Tratado de Versalhes para garantir a "paz perpétua", por intermédio do pacifismo e do desarmamentismo, após o término da Primeira Guerra Mundial. O fracasso da iniciativa ficou explicito com a eclosão da Segunda Guerra Mundial, em 1° de setembro de 1939. A Liga das Nações foi oficialmente dissolvida em 20 de abril de 1946, após, dois dias antes, ter passado as suas responsabilidades para a Organização das Nações Unidas (ONU), fundada em 24 de outubro de 1945. O autor discute a Liga das Nações de modo mais detido na seção 10 do capítulo 3 ("Política Externa Liberal") da seguinte obra: MISES. *Liberalismo*. *Op. cit.*, 161-64. (N. E.)

O Problema Internacional do Direito de Imigração*

proporcionam um ambiente de paz. Em uma visão geral, a "distribuição desigual de matéria-prima" é a fonte primordial dos conflitos que podem desencadear uma guerra. Nesse sentido, a primeira ideia que surge à mente é a de uma distribuição "mais equitativa" das matérias-primas. No entanto, o significado dessa ideia não é muito claro.

A Austrália é a maior produtora de lã do mundo, assim como os Estados Unidos, a Índia e o Egito são responsáveis pela grande produção de algodão. Uma parte desses países deveria ser cedida aos países europeus que não têm indústrias de fabricação de lã ou de algodão? Em uma hipótese mais absurda, as áreas produtoras de lã na Austrália seriam divididas entre os países europeus. Essa medida melhoraria a situação desses países da Europa? Depois dessa nova divisão, os europeus ainda teriam de comprar lã, como antes, dos produtores de lã em dificuldades.

O Reino Unido também compra lã da Austrália e paga pela compra, como qualquer outro comprador. O fato de a Austrália ser governada pelo mesmo rei não afeta a natureza dessas compras. A Austrália tem uma Constituição, uma legislação e uma administração dos assuntos políticos independentes da Grã-Bretanha, do Parlamento britânico e do governo. O setor industrial do Reino Unido não tem benefícios especiais, em comparação com seus concorrentes continentais, porque parte considerável de sua matéria-prima se origina das colônias do Império Britânico. A Grã-Bretanha obtém a matéria-prima e paga o seu custo do mesmo modo que os produtores alemães, italianos ou austríacos.

A situação do transporte de mercadorias para o setor industrial britânico é mais favorável, mas essa situação não se modificaria com a mudança de soberania. Portanto, nenhum país na Europa poderia dizer que tem problemas porque não tem áreas propícias à produção de matéria-prima. A queixa dos países europeus refere-se a outro problema.

Existem diversos tratados territoriais semelhantes aos da Europa em vários lugares. Os Estados Unidos e as colônias britânicas do Canadá, da Austrália, da Nova Zelândia, da África do Sul, entre outros lugares, têm uma população menor, em comparação com seu potencial de capacidade produtiva, do que algumas regiões da Europa. Em consequência, a produtividade requer mais esforço do que na Europa, e, por esse motivo, os salários dos trabalhadores são mais elevados.

Como essas regiões oferecem melhores oportunidades de produção do que a Europa, atraem imigrantes europeus há mais de 300 anos. No entanto, os descendentes dos primeiros imigrantes agora dizem: já houve imigração suficiente. Não queremos que outros europeus façam os que os nossos antepassados fizeram, quando imigraram em busca de uma situação melhor. Não queremos que nossos salários sejam reduzidos por causa de novo contingente de trabalhadores da pátria de nossos pais. Não queremos que os salários se equiparem em razão de nova imigração. Por favor, fiquem em seus países e se satisfaçam com os baixos salários.

O "milagre" dos altos salários nos Estados Unidos e na Austrália citados com tanta frequência é resultado da política de oposição a uma nova imigração. Durante anos ninguém ousou tratar esse assunto na Europa. A opinião pública foi iludida pela ideologia marxista, com suas ideias doutrinárias de que o "proletariado de todos os países", organizado em sindicatos, tinha os mesmos interesses e de que só os empresários e capitalistas eram nacionalistas.

Ninguém comentava que nos países com condições mais favoráveis de produção, com menos trabalhadores e, por conseguinte, salários mais altos, os sindicatos evitavam a entrada de trabalhadores de regiões menos propícias à produção.

Enquanto isso, os sindicatos nos Estados Unidos e nas colônias britânicas estavam elaborando leis de imigração que proibiam quase todos os incentivos à imigração, os marxistas pedantes escreviam livros em que diziam que a ambição dos capitalistas era a causa do imperialismo e da guerra, ao passo que o proletariado, unido por uma harmonia e solidariedade de interesses, queria a paz.

Nenhum italiano diria que seus interesses eram prejudicados pelo fato de que as terras onde os metais eram extraídos e a matéria-prima era produzida não pertenciam ao rei da Itália. Entretanto, os trabalhadores italianos *sofriam*, porque essas regiões não permitiam a imigração de trabalhadores italianos. Com a eliminação dessa barreira, ou com medidas menos rígidas contra a imigração, o aumento de salários que resulta da liberdade de locomoção seria um processo tranquilo. E a situação dos trabalhadores italianos se assemelharia à dos alemães, dos tchecos, dos húngaros, entre outros povos.

É preciso evitar a falsa ideia de que os trabalhadores de regiões onde as condições naturais favorecem a produção teriam melhores condições de vida se não houvesse imigração. Se os trabalhadores europeus não pudessem imigrar, isso não significaria que ficariam ociosos em seus países de origem. Eles continuariam a trabalhar apesar das circunstâncias menos favoráveis e, em um círculo vicioso, por causa disso teriam salários menores.

Por sua vez, os salários reduzidos seriam competitivos na economia de livre mercado mundial, assim como no mercado interno, com uma produção em condições mais favoráveis. Os países mais favorecidos do ponto de vista de produção poderiam criar tarifas e embargos à importação, para lutar contra a competição "injusta" do trabalho com uma remuneração menor. Porém, esses países perderiam as vantagens que uma divisão de trabalho mais elevada proporciona. Seriam prejudicados porque as oportunidades de produção mais favoráveis, isto é, as que davam um retorno elevado com o mesmo custo da produção em outras regiões, não estariam sendo aproveitadas em seus países.

Caso os recursos mais produtivos fossem explorados em todos os lugares do mundo e os menos produtivos não fossem utilizados, a posição deles melhoraria em longo prazo, porque o resultado da produção mundial seria maior. E grande parte dessa "fatia" de mercado seria deles.

A tentativa de criar indústrias ou empresas de maneira artificial no Leste Europeu, sob a proteção de tarifas e de embargos à importação, foi um fracasso. No entanto, se a liberdade de imigração não for restabelecida nesses países, os salários mais baixos atrairão capital e interesse empresarial.

Assim, em vez de empresas criadas de forma artificial por medidas do governo e inviáveis apesar dessas medidas, os negócios com padrão modesto e baixos salários voltados para as massas, factíveis em razão do lugar específico, prosperarão. Essas pessoas ainda terão motivos para se queixar não da distribuição desigual da matéria-prima, mas das barreiras contra a imigração em lugares com condições mais favoráveis de produção.

Por esse motivo, em determinado momento elas chegarão à conclusão de que só as armas poderão mudar essa situação insatisfatória. Nesse momento, é possível que se forme uma grande coalizão de lugares abertos à imigração e dos que se opõem a isso.

A Comissão Internacional de Cooperação Intelectual da Liga das Nações está estudando uma forma de conciliação pacífica no mundo. Mas, se esses estudos e a conferência em que serão apresentados se limitarem ao problema da matéria-prima, os esforços da Comissão terão sido inúteis. O principal problema terá sido ignorado, se as propostas se referirem apenas a uma nova distribuição territorial das colônias da África e dos territórios supervisionados pelos Estados-membros da Liga das Nações, na Ásia e na Polinésia.

O principal problema também não seria resolvido se a Alemanha recuperasse suas antigas colônias com área territorial maior, se as colônias da Itália na África se expandissem ou se os tchecos e os húngaros não fossem esquecidos.

Os imigrantes europeus procuram lugares onde possam trabalhar em condições climáticas toleráveis e onde tenham possibilidade de ganhar mais do que em seus países com excesso de população e com natureza menos pródiga. Nas atuais circunstâncias, só os Estados Unidos e a Austrália oferecem essas condições. Não se trata de um problema de matéria-prima, nem da soberania de alguns países sobre colônias pouco habitáveis por imigrantes europeus. É uma questão do direito de imigração para lugares maiores e mais produtivos, com clima adequado aos imigrantes europeus. Sem o restabelecimento da liberdade de imigração no mundo, não haverá paz duradoura[14].

---

[14] Não há consenso acerca dessa temática entre os libertários contemporâneos seguidores do pensamento misesiano. Uma visão contrária ao direito irrestrito de imigração é apresentada nos seguintes artigos: HOPPE, Hans-Hermann. "The Case for Free Trade and Restricted Immigration". *Journal of Libertarian Studies*, Volume 13, Number 2 (Summer 1998): 221-33; Idem. "Natural Order, the State, and the Immigration Problem". *Journal of Libertarian Studies*, Volume 16, Number 1 (Winter 2002): 75-97. Os argumentos em favor da imigração sem restrições aparecem em: BLOCK, Walter. "A Libertarian Case for Free Immigration". *Journal of Libertarian Studies*, Volume 13, Number 2 (Summer

1998): 167-86; HUERTA DE SOTO, Jesús. "A Libertarian Theory of Free Immigration". *Journal of Libertarian Studies*, Volume 13, Number 2 (Summer 1998): 187-97; KREPELKA, Jan. "A Pure Libertarian Theory of Immigration". *Journal of Libertarian Studies*, Volume 22, Number 1 (Winter 2010): 35-52. (N. E.)

CAPÍTULO 4

O dia da inauguração do memorial de Carl Menger (1840-1921) na arcada da Universidade de Viena é um momento apropriado para examinar o trabalho que a Escola Austríaca de Economia, fundada por este economista, realizou.

Não é um elogio a fatos do passado, que já não existem. Embora os homens que se dedicaram à Escola Austríaca de Economia tenham morrido, seu trabalho continua e tornou-se a base de todos os estudos científicos da teoria econômica. A teoria econômica atual baseia-se nos ensinamentos do economista austríaco e de sua escola. A publicação do

* Publicado originalmente em alemão como "Carl Menger und die osterreichische Schule der Nationalokonomie" no número de 29 e 30 de janeiro de 1929 do periódico *Neue Freie Presse*. Traduzido para o inglês como "Carl Menger and the Austrian School of Economics" por Albert Zlabinger.

Carl Menger e a Escola Austríaca de Economia*

livro *Grundsätze der Volkswirtschaftslehre*[15] [*Princípios de Economia Política*] de Carl Menger, em 1871, marcou o início de uma nova era da ciência econômica.

Não existe lugar mais adequado para fazer uma apresentação sucinta do trabalho desenvolvido pela Escola Austríaca de Economia do que as colunas do periódico *Neue Freie Presse*. São apropriadas porque Carl Menger e todos os outros, em um sentido mais amplo ou não – Eugen von Böhn-Bawerk (1851-1914), Friedrich von Wieser (1851-1926), Robert Zuckerkandl (1856-1926), Emil Sax (1845-1927), Robert Meyer (1855-1914), Johann von Komorzynski (1843-1911), Rudolf Auspitz (1837-1906), Richard Lieben (1842-1919) –, discutiram

[15] Uma tradução em língua portuguesa do livro está disponível na coleção "Os Economistas" na seguinte edição: MENGER, Carl. *Princípios de Economia Política*. Intr. F. A. Hayek; trad. Luiz João Baraúna. São Paulo: Abril Cultural, 1983. (N. E.)

assuntos econômicos ou apresentaram os resultados de suas pesquisas teóricas no *Neue Freie Presse*.

I

O ponto de partida histórico da ciência econômica foram as ideias dos fisiocratas na França e dos escoceses David Hume (1711-1776) e Adam Smith (1723-1790). Segundo essas teorias, os preços, os salários e os juros eram determinados pela economia de mercado, ou, pelo menos em certos limites, o preço do mercado funcionava como agente regulador da produção.

O que os estudiosos anteriores haviam classificado como processos aleatórios e arbitrários era, para eles, um processo de regularidade. A Escola Clássica de Economia, cujas contribuições culminaram com o trabalho de David Ricardo (1772-1823), desenvolveu a teoria da cataláxia, a ciência da ação humana em uma economia de mercado[16].

Com base na visão da pesquisa teórica surgiram conclusões importantes para a política econômica. Aos poucos, as pessoas perceberam que as intervenções do governo na economia não atingiam seus objetivos. O estabelecimento de um preço máximo para determinado produto não proporcionava uma oferta mais barata à população; ao contrário, uma ordem

[16] Sobre a temática, ver principalmente os capítulos 14 ("Âmbito e Metodologia da Cataláxia") e 15 ("O Mercado"), na Parte VI ("Cataláxia ou Economia de Mercado"), da seguinte obra: MISES. *Ação Humana*. *Op. cit.*, p. 287-388. (N. E.)

autoritária provocaria uma restrição ou a paralisação da oferta desse produto. A intervenção, portanto, tinha efeito oposto ao esperado. Uma reação semelhante à ação reguladora autoritária quanto aos salários e às taxas de juros e à intervenção no comércio exterior.

Os mercantilistas acreditavam que o equilíbrio do comércio exterior teria de ser mantido por meio de políticas comerciais (tarifas, proibições etc.), a fim de evitar a saída do dinheiro. Ricardo mostrou que esse equilíbrio se estabeleceria automaticamente. As restrições ao comércio exterior com a finalidade de proteger a moeda eram supérfluas, desde que não houvesse inflação. Por sua vez, essas medidas não conseguiriam impedir a erosão do poder de compra causada pela inflação.

As políticas de proteção comercial desviavam a produção de lugares onde poderia se beneficiar das condições naturais e, por esse motivo, reduziam a abundância produzida pela atividade econômica e prejudicavam o padrão de vida das massas.

Na opinião dos economistas clássicos, o intervencionismo era contraproducente em todos os aspectos. Só a liberdade de ação das forças econômicas poderia aumentar o bem-estar de todas as classes sociais. Assim, o programa político do liberalismo baseava-se nos ensinamentos dos economistas clássicos e nas condições de um comércio interno e externo sem obstáculos.

Os opositores do liberalismo tentavam refutar essas conclusões, porém era impossível. O ensinamento dos economistas clássicos era irrefutável. Para esses opositores, só havia uma forma de rejeitar o liberalismo: a negação dos princípios científicos em que a economia social se baseava, como havia feito a escola historicista alemã de economia. Apenas a economia histórica e a descritiva eram válidas. As pesquisas sobre os fundamentos da relação entre os fenômenos econômicos eram consideradas "abstratas" e "não científicas".

Depois que Walter Bagehot (1826-1877), cuja reputação como economista se fundamentava em seu famoso livro sobre o mercado monetário de Londres, *Lombard Street*[17], criticou essas falácias em meados da década de 1870, Carl Menger surgiu em cena em 1883 com o livro *Untersuchungen über die Methode der Sozialwissenschaften und der Politischen Ökonomie Insbesondere*[18] [*Investigações sobre o Método das Ciências Sociais com Especial referência à Economia Política*]. Em seguida à publicação do livro, as discussões intituladas "Methodenstreit" destruíram a comprovação da crítica lógica e metodológica da Escola Historicista Alemã de Economia, em relação à possibilidade fundamental de percepções válidas referentes aos problemas econômicos.

Todas as pesquisas econômicas com aspecto histórico ou descritivo contêm conceitos e princípios teóricos cuja validade tem de ser confirmada. Sem esses conceitos e princípios nada pode ser dito. Em todas as declarações sobre o preço de uma mercadoria, de crítica a uma medida sociopolítica ou aos interesses de diferentes grupos existe um fundamento

[17] BAGEHOT, Walter. *Lombard Street: A Description of the Money Market*. London: Henry S. King & Co., 1873. (N. E.)

[18] Em língua inglesa, a obra está disponível na seguinte edição: MENGER, Carl. *Investigations into the Method of Social Sciences with Special Reference to Economics*. Ed. Louis Schneider; intr. Lawrence H. White; trad. Francis J. Nock. New York: New York University Press, 1985. (N. E.)

"teórico". O fato de os "socialistas de cátedra" da escola historicista alemã não terem percebido a existência desse fundamento implícito não significa que não tivessem também uma base "teórica".

No entanto, os partidários dessa escola de pensamento alemã não se preocuparam em investigar se suas teorias estavam corretas, em estudá-las para tirar conclusões lógicas, em reuni-las em um sistema, em verificar as contradições e em mostrar a coerência lógica e, sobretudo, em checá-las diante dos fatos. Apenas substituíram teorias úteis e resistentes às críticas por falácias contraditórias e refutadas, e, em consequência, suas pesquisas têm pouco valor.

A prática da teoria econômica implica uma crítica constante e precisa de todas as afirmações de natureza econômica, com todos os meios disponíveis à mente humana.

II

O sistema da economia clássica não conseguiu dar solução satisfatória ao problema da determinação do preço de produtos e serviços. Teria sido óbvio avaliar os produtos e serviços, que representam a base do processo da determinação do preço, de acordo com sua utilidade (úteis para as necessidades dos seres humanos). Mas essa avaliação é tarefa complexa, que os economistas clássicos, com toda a sua perspicácia, não conseguiram elucidar. Alguns produtos úteis têm valor baixo, como o ferro, o carvão e o pão, ou fenômenos intangíveis como a água e o ar não têm valor econômico, enquanto outros bens inúteis, como as pedras preciosas, são muito valorizados.

Em razão do fracasso de todas as tentativas de explicar esse paradoxo, buscaram-se outras explicações para definir valor, apesar de serem contraditórias e precisarem de ajudas artificiais. Era óbvio que algo estava errado.

Em seu primeiro livro, Carl Menger conseguiu superar esse paradoxo da estimativa de valor. Não era a importância de uma categoria de produtos e serviços o que determinava seu valor, e sim a relevância atribuída a essa categoria disponível no momento. Era o valor concreto de uma quantidade parcial o que influenciava a determinação do preço, e não o valor da categoria do produto.

Como atribuímos a cada parte individual de um produto ou serviço só a importância referente à satisfação das necessidades que ela proporciona, e como a urgência em satisfazer as necessidades diminui à medida que são saciadas, o valor da quantidade parcial concreta baseia-se na importância de sua categoria individual. A relevância das necessidades concretas que podem ser saciadas com a oferta disponível (utilidade marginal) é menos importante.

A determinação do preço de bens de consumo imediato fundamenta-se na avaliação subjetiva dos consumidores. Por sua vez, os preços dos bens necessários à produção dos bens de consumo (os meios de produção), incluído o salário, isto é, o preço do trabalho, são determinados pelos preços de bens de consumo imediato.

Em resumo, os consumidores determinam e pagam os preços dos meios de produção, assim como os salários. A teoria da imputação que aborda os preços da terra, dos rendimentos do capital financeiro, dos salários e dos lucros especifica esse papel dos consumidores na atribuição de valor.

Menger e seus seguidores elaboraram um sistema completo para a explicação dos fenômenos econômicos apoiado nesses novos fundamentos e nas teorias dos economistas da escola clássica.

III

Em torno dessa mesma época e sem nenhuma ligação com Carl Menger, o economista inglês William Stanley Jevons (1835-1882) e o francês Léon Walras (1834-1910), que trabalhavam em Lausanne, na Suíça, ensinaram teorias semelhantes. Depois que as novas ideias foram comprovadas, a teoria da utilidade marginal subjetiva começou sua travessia vitoriosa no mundo. Menger teve mais sorte que seu predecessor mais importante, o funcionário do governo da Prússia chamado Hermann Heinrich Gossen (1810-1858), e assistiu ao reconhecimento de suas teorias por economistas no mundo inteiro.

John Bates Clark (1847-1938) fundou a grande escola de Economia norte-americana e aplicou e expandiu as ideias da Escola Austríaca de Economia nos Estados Unidos. Henry Oswalt (1849-1934) de Frankfurt, Richard Reisch (1866-1938) e John Bates Clark são membros honorários da Sociedade Vienense de Economia. Na Holanda e nos países escandinavos, as teorias de Menger foram logo adotadas.

Mas a abordagem científica da economia teve sucesso especial na Itália.

Carl Menger não fundou uma escola de pensamento no sentido estrito do termo. Sua grandeza e o respeito que sentia pela ciência eram incompatíveis com o uso de meios mesquinhos para promover sua causa, como outros haviam feito. Menger realizou pesquisas, escreveu, lecionou, e as pessoas mais competentes que trabalharam para o governo da Áustria como economistas nas últimas décadas são caudatárias de sua escola.

Além disso, ele esperou com o otimismo de um liberal que a razão prevalecesse. E atraiu discípulos como Eugen von Böhm-Bawerk e Friedrich von Wieser, que decidiram continuar seu trabalho. Eles eram dez anos mais jovens que Carl Menger e, como homens maduros, buscaram soluções para seus problemas com a ajuda dos escritos de Menger.

Os dois economistas tinham a mesma idade e eram amigos desde jovens. Além de parentesco por razões matrimoniais, eram unidos pela convicção, pelo caráter e pela cultura do espírito; mas tinham personalidades científicas tão diferentes como só dois contemporâneos poderiam ter. Cada um deles à sua maneira começou o trabalho no ponto em que Menger parara.

Na história da ciência econômica, seus nomes são indissoluvelmente ligados ao de Carl Menger. Ambos já morreram. No entanto, as excelentes pesquisas científicas realizadas por uma nova geração de pessoas com menos de 30 anos e publicadas nos últimos anos mostraram que a Áustria não queria renunciar à sua posição de liderança na pesquisa econômica rigorosa.

IV

Originalmente, a escola historicista da "Ciência Econômica do Estado" (*wirtschafliche Staatswissenshaften*) não se preocupou tanto com o trabalho crítico e positivo da Escola Austríaca de Economia como as escolas que defendiam o intervencionismo no exterior. Estas escolas continuaram a desprezar o trabalho teórico sério e a divulgar sem discernimento e inibição as teorias da intervenção onipotente do Estado na economia, certas de que sua posição de poder era garantida pelos governos e pelos partidos políticos.

As experiências realizadas na política econômica durante a guerra e logo depois privilegiaram o intervencionismo e o estatismo. Todas essas experiências, como o preço máximo de determinados produtos e serviços, o controle da economia e a inflação, tiveram o resultado previsto pelos teóricos tão detestados pelos chefes de Estado e pelos representantes da Escola Historicista Alemã de Economia.

Os opositores da "teoria de valor abstrata e irrealista austríaca" tentaram manter sua posição com uma atitude obstinada. Suas opiniões equivocadas chegaram ao ponto de considerar um dos seus membros, Friedrich Bendixen (1864-1920), diretor do Banco Hipotecário de Hamburgo, uma autoridade em assuntos monetários. Bendixen declarara que o fato de a moeda alemã ter se depreciado no exterior durante a guerra fora "de certo modo um fato positivo, porque assim o câmbio internacional tinha taxas mais favoráveis".

Por fim, surgiram críticas à teoria da Escola Historicista Alemã. Os anos em que os estudos teóricos não mereceram a atenção devida resultaram em uma situação peculiar, na qual Gustav Cassel (1866-1945), um sueco, conquistou a gratidão do povo alemão por tê-lo esclarecido a respeito dos problemas e dos princípios da economia alemã. Por exemplo, os leitores de jornais alemães tomaram conhecimento da antiga teoria da paridade de compra das taxas de câmbio de Ricardo, depois dos esclarecimentos de Cassel, além da informação de que o desemprego contínuo é consequência da política salarial dos sindicatos.

Em seus trabalhos teóricos, Cassel baseava-se nos ensinamentos da escola subjetiva, embora se expressasse de maneira diferente e, às vezes, com uma ênfase peculiar que não merecia ser imitada.

Apesar de os partidários da Escola Historicista Alemã ainda tentarem repetir o antigo chavão do colapso da teoria da utilidade marginal, não é possível ignorar que os escritos dos jovens economistas, mesmo no Império Alemão, contêm cada vez mais ideias e pensamentos da Escola Austríaca de Economia. O trabalho de Carl Menger e de seus colegas é a base da ciência econômica moderna[19].

[19] O autor também aborda a temática em: MISES, Ludwig von. *O Contexto Histórico da Escola Austríaca de Economia*. Pref. José Manuel Moreira; apres. Fritz Machlup; introd. Llewellyn H. Rockwell Jr.; posf. Joseph T. Salerno; trad. Isabel Regina Rocha de Sousa. São Paulo: LVM, 2017. (N. E.)

POSFÁCIO À EDIÇÃO BRASILEIRA

I - Interdependência Estratégica e Conflito Social

Diversas interações humanas podem ser descritas por intermédio de situações de interdependência estratégica. Grosso modo, tais situações expressam a seguinte ideia: quando duas ou mais pessoas se encontram motivadas por interesses convergentes ou divergentes, as ações que cada um empreende em busca de seus objetivos particulares exercem impacto nos resultados obtidos pelos demais. Dessa maneira, há um elemento interpretativo e subjetivo indissociável das interações desse tipo: cada indivíduo envolvido tomará decisões e conduzirá suas ações de acordo com as expectativas que forma a respeito das ações que espera por parte dos demais. Mais especificamente, nas palavras de

Do Conflito Social à Prudência da Política

Claudio A. Téllez-Zepeda

David Lake e Robert Powell a respeito das escolhas dos agentes envolvidos em interações sociais:

> Essas escolhas, ademais, são com frequência estratégicas; isto é, a habilidade de cada ator para avançar em direção a seus objetivos dependerá do comportamento dos demais atores, e, portanto, cada ator deve levar em consideração as ações dos outros[1].

A avaliação estratégica a respeito das ações dos demais agentes compreende não somente as expectativas mútuas sobre tais ações, mas também, conforme observa Richard M. Emerson (1925-1982), a

[1] LAKE, David A. & POWELL, Robert. "International Relations: A Strategic-Choice Approach". In: LAKE, David A. & POWELL, Robert (Eds.). *Strategic Choice and International Relations*. Princeton: Princeton University Press, 1999. p. 3-38. Cit. p. 3.

capacidade de influenciar ou controlar as condutas dos outros[2]. Assim, de acordo com Emerson, Lake e Powell, podemos entender as interações estratégicas entre indivíduos, de maneira mais abrangente, como relações de interdependência nas quais, além das expectativas, o poder[3] também desempenha um papel fundamental, dado que cada um também tenta, na medida de suas possibilidades, induzir os demais agentes a se comportarem de modo a ajudar no processo de consecução dos objetivos almejados.

O conceito de interdependência estratégica é a pedra angular do campo de estudos conhecido como Teoria dos Jogos. É, também, a especificidade que nos permite distinguir entre o problema de um indivíduo isolado tomando decisões sobre como combinar os recursos disponíveis para atingir o melhor resultado possível (o caso do náufrago na ilha deserta) e o problema da necessidade de realizar escolhas dessa natureza em um ambiente que envolve mais indivíduos. De acordo com John von Neumann (1903-1957) e Oskar Morgenstern (1902-1977), autores da obra considerada seminal para o desenvolvimento da Teoria dos Jogos moderna[4], o indivíduo que participa de uma sociedade:

---

[2] EMERSON, Richard M. "Power-Dependence Relations". *American Sociological Review*, Volume. 27, Number 1 (February 1962): 31-41. Cit. p. 32.

[3] A conceptualização do termo "poder" é um tema complexo e amplamente discutível na Ciência Política e na Sociologia. Para meus propósitos, baseio-me no entendimento de Richard Emerson de poder não como atributo de uma pessoa específica ou de um determinado grupo, mas como elemento implícito nas relações de dependência entre os indivíduos envolvidos em um processo de interação social. Ver: EMERSON. "Power-Dependence Relations". *Op. cit.*

[4] NEUMANN, John von & MORGENSTERN, Oskar. *Theory of Games and Economic Behavior*. Princeton: Princeton University Press, 1953.

> [...] precisa envolver-se em relações de trocas com outros. Se duas ou mais pessoas trocam bens entre si, então o resultado para cada uma delas dependerá, em geral, não apenas de suas próprias ações, mas também das ações dos demais[5].

Dado que as relações de trocas entre indivíduos que participam de uma sociedade ou comunidade podem ser consideradas interações estratégicas que compreendem tanto expectativas subjetivas quanto tentativas de influenciar o comportamento dos demais, isto é, compreendem situações que podem ser cooperativas ou conflituosas, a Teoria dos Jogos pode ser entendida como o estudo formal das relações de conflito ou cooperação.

O elemento de conflito é evidente: um jogo envolve dois ou mais jogadores, cada um dos quais com um conjunto de estratégias à sua disposição; há também um conjunto de resultados que decorrem das estratégias escolhidas pelos jogadores e um conjunto de *payoffs*, que descreve o que cada jogador "recebe" de acordo com cada resultado possível. Assume-se, ademais, que os participantes de um jogo são individualmente racionais, isto é, o ordenamento de suas preferências acerca dos resultados corresponde à ordem dos *payoffs* associados a cada resultado (podemos entender, sem perda de generalidade, que um *payoff* maior proporciona mais satisfação que um *payoff* menor). Ao mesmo tempo, de acordo com Anatol Rapoport (1911-2007), cada jogador racional

---

[5] Idem. *Ibidem.*, p. 11.

considera que todos os demais jogadores também são individualmente racionais[6].

A concepção de racionalidade descrita por Rapoport não está em desacordo com o papel que as considerações racionais desempenham na abordagem misesiana-austríaca que coloca ênfase nas ações humanas. Nas palavras de Ludwig von Mises (1881-1973):

> Muitos defensores da escola do instinto estão convencidos de terem provado que a ação não é determinada pela razão, mas provém das insondáveis profundezas das forças, impulsos, instintos e propensões inatas que não são passíveis de qualquer explicação racional. [...] Por mais insondáveis que sejam as profundezas de onde emerge um impulso ou instinto, os meios que o homem escolhe para satisfazê-lo são determinados por uma consideração racional de custos e benefícios[7].

Sabemos que, para Mises, a *"ação humana é necessariamente sempre racional"*[8], dado que cada indivíduo agente tem por objetivo satisfazer algum desejo. Mises não considera necessário, no entanto, enfatizar o uso do termo "racional", pois considera que a racionalidade já está presente na ideia de que

---

[6] RAPOPORT, Anatol. "Introduction". In: RAPAPORT, Anatol (Ed.). *Game Theory as a Theory of Conflict Resolution*. Dordrecht: D. Reidel Publishing Company, 1974. p. 1.

7 MISES, Ludwig von. *Ação Humana: Um Tratado de Economia*. Trad. Donald Stewart Jr. São Paulo: Instituto Ludwig von Mises Brasil, 2010. p. 40.

8 Idem. *Ibidem*., p. 43.

cada indivíduo sempre age com o propósito de satisfazer algum desejo. Os desejos, no entanto, são subjetivos e, portanto, a utilidade deve ser considerada subjetivamente. Podemos considerar – ao lado de Rapoport – que um jogador racional tem por objetivo a maximização de sua utilidade; porém, desde uma perspectiva austríaca, ninguém tem como saber quais seriam os resultados que proporcionariam mais satisfação aos demais jogadores. No máximo – e isso basta –, podemos assumir que, da perspectiva de um dado jogador racional, os demais jogadores também são racionais porque buscam sair de um estado de menos satisfação e atingir um estado de mais satisfação. Ademais, embora um indivíduo em particular não tenha acesso aos desejos e motivações dos demais jogadores, ele precisa minimamente especular a respeito das ações que espera que esses jogadores empreendam (pois a satisfação de seus desejos individuais depende não só de suas ações, mas das ações combinadas de todos os agentes envolvidos na situação de interação social).

À primeira vista, quando há interesses em jogo, parece que tanto a abordagem convencional da Teoria dos Jogos quanto a perspectiva praxiológica misesiana apresentam as interações sociais como situações de conflito. Entretanto, conforme esclarece Rapoport, há situações nas quais grupos de indivíduos identificam interesses comuns e combinam seus esforços não para que cada indivíduo possa obter o máximo possível da interação, mas para atingir o melhor equilíbrio entre pressões e interesses. Nesse sentido, a Teoria dos Jogos (cooperativos) *"torna-se principalmente uma teoria da resolução de conflitos ao invés de uma teoria das decisões ótimas na busca do autointeresse"*[9].

Meu objetivo não é entrar, aqui, nas distinções técnicas entre os ramos cooperativo e não-cooperativo da Teoria dos Jogos. Faço apenas duas observações para tornar mais clara a confluência entre a abordagem formal da Teoria dos Jogos e a perspectiva misesiana. Em primeiro lugar, podemos entender a cooperação como convergência harmoniosa de interesses, e o conflito como convergência em desarmonia. No primeiro caso, os agentes cooperam porque identificam interesses comuns que podem atingir melhor a partir da reunião de seus esforços. No segundo caso, os agentes entram em conflito porque convergem para um mesmo interesse, porém não consideram que conseguirão satisfazê-lo por intermédio de ações cooperativas. Por exemplo, a formação de uma aliança para fortalecer uma posição em prol de um objetivo comum, em contraposição a outra aliança ou coalizão, é uma relação na qual os interesses convergem de maneira harmoniosa – trata-se, indubitavelmente, de uma situação cooperativa: as partes cooperam para facilitar a consecução de um objetivo comum[10]. Já a disputa por um recurso escasso que é de interesse comum às partes envolvidas ilustra um relacionamento conflituoso; há convergência com relação ao interesse (pois é o mesmo), porém há disputa quanto a concretizá-lo.

---

[9] RAPOPORT. "Introduction". *Op. cit.*, p. 6.

[10] Embora também possa envolver conflito, dado que a disputa se desloca, aqui, dos indivíduos para as coalizões.

Também é importante sublinhar que, em situações nas quais os jogadores envolvidos não cooperam entre si, mas apenas jogam de acordo com seus interesses particulares, isso não significa que temos, necessariamente, uma lógica de soma constante (isto é, um contexto no qual o ganho de um jogador corresponde à perda dos demais jogadores – o que costuma ser conhecido como "jogo de soma-zero"). Mesmo no caso de uma disputa com respeito a um interesse comum, por exemplo um dado recurso escasso, o resultado da interação dependerá da maneira como o relacionamento estratégico é conduzido entre os agentes. Conforme discutirei mais adiante, é perfeitamente possível que os jogadores, orientados pelo que consideram ser a única linha de ação racional possível, atinjam resultados individuais piores do que os que teriam obtido caso tivessem optado pela ação "irracional".

Minha segunda observação, ao lado de Thomas Schelling, é que situações de conflito puro, nas quais há uma oposição total entre os jogadores, é um caso muito particular e raro. Schelling ilustra isso com o exemplo de uma guerra de aniquilação total[11], por exemplo quando uma nação deseja a destruição de outra. Embora práticas dessa natureza de fato ocorram na história (p. ex. no caso de genocídios e limpezas étnicas), na maior parte das vezes mesmo indivíduos orientados para seus "objetivos egoístas" não têm por propósito auferir ganhos provocando deliberadamente perdas nos demais. É por isso que considero importante enfatizar mais uma vez que, ao lado do

[11] SCHELLING, Thomas. *The Strategy of Conflict*. Cambridge: Harvard University Press, 1980. p. 4.

conceito de interdependência estratégica, tal como exposto por Lake e Powell, não podemos ignorar a observação de Emerson a respeito do papel que o poder desempenha nessas relações de interdependência. Schelling observa que:

> Podemos desejar controlar ou influenciar o comportamento dos demais envolvidos no conflito e desejamos, portanto, saber como as variáveis que estão sujeitas ao nosso controle podem afetar seu comportamento. [...] "Vencer", em um conflito, não apresenta um significado estritamente competitivo; não se trata de vencer com respeito ao nosso adversário. *Trata-se de obter ganhos com relação ao nosso próprio sistema de valores*; e isto pode ser feito por intermédio da barganha, do ajuste mútuo, e evitando comportamentos que sejam mutuamente prejudiciais. [...]. Há interesse comum em atingir resultados que são vantajosos para todas as partes envolvidas[12].

Schelling coloca que se trata de "*obter ganhos com relação ao nosso próprio sistema de valores*". A barganha ocorre justamente porque, como bem observa Mises, os valores são subjetivos e não sabemos quais são os valores que orientam as ações dos demais. Entretanto, nas interações sociais, essa *ignorância fundamental* não nos deve conduzir à inação. Neste ponto, desejo enfatizar minha concordância com a posição de Ludwig M. Lachmann (1906-1990) a respeito da subjetivação

[12] Idem. *Ibidem.*, p. 4-5. A ênfase é minha.

não somente das preferências, mas também das expectativas[13]. Se entendemos, juntamente com Schelling, que "*a maior parte das situações de conflito são essencialmente situações de barganha*"[14], então os indivíduos envolvidos em um conflito social formulam suas expectativas a respeito do comportamento esperado dos demais a partir de tentativas, erros e ajustes mútuos finos, empregando não somente as variáveis que estão sujeitas ao nosso controle, mas também avaliando subjetivamente tanto os diversos fatores envolvidos e que podem afetar os resultados finais, quanto as percepções – também subjetivas – sobre a capacidade de exercer influências significativas sobre o comportamento dos outros.

A partir do que foi apresentado até agora, observamos o nítido contraste com a posição de autores como Karl Marx (1818-1883) e seus seguidores que, a partir dos elementos que constituem a teoria marxista da exploração, deduzem que o conflito social decorre da lógica de soma-zero, que consideram inexoravelmente presente nas principais interações que constituem os relacionamentos sociais. Ora, contextos que podem ser propriamente caracterizados como de soma-zero não somente são raros; a partir da concepção das preferências e expectativas como subjetivas, do reconhecimento da

---

[13] A esse respeito, ver: LACHMANN, Ludwig M. "The Role of Expectations in Economics as a Social Science". In: *Capital, Expectations, and the Market Process: Essays on the Theory of the Market Economy*. Kansas City: Sheed Andrews and McMeel, Inc., 1977. p. 65-80; Idem. "An interview with Ludwig Lachmann". *Austrian Economics Newsletter*, Volume 1 (1978): 1, 15; GLORIA-PALERMO, Sandye. *The Evolution of Austrian Economics: From Menger to Lachmann*. London / New York: Routledge, 1999. p. 119.

[14] SCHELLING. *The Strategy of Conflict*. p. 5.

interdependência estratégica nas interações sociais e do papel do poder nessas mesmas relações, aprendemos que o comportamento competitivo predatório pode ser contraproducente e conduzir a perdas mútuas ao invés de ganhos individuais.

De onde vem, portanto, essa concepção equivocada a respeito do conflito social? Se partimos da ideia que o elemento econômico é o que move a história, que a sociedade se encontra dividida entre classes e acrescentamos a isso uma interpretação equivocada das ideias de Charles Darwin (1809-1882) a respeito da luta pela sobrevivência – não tanto por Marx em si[15], mas principalmente por seus seguidores –, somos levados à conclusão quase inevitável de que há, entre as classes que compõem a sociedade, uma situação permanente e assimétrica de tensão e de conflito. Assimétrica, pois há uma classe que é dominante e outra classe que é dominada (a classe dominante, ademais, possui mais capacidade de controlar os comportamentos dos indivíduos que compõem a classe dominada); conflituosa, porque ambas as classes se encontram em luta perene pela sobrevivência (o que decorre da extrapolação inadequada do darwinismo para o âmbito das relações sociais[16]). Finalmente, de soma-zero, pois a clas-

---

[15] Ver: BALL, Terence. "Marx and Darwin: A Reconsideration". *Political Theory*, Volume 7, Number 4 (November 1979): 469-83. De acordo com o Terence Ball, a associação entre Karl Marx e Charles Darwin foi essencialmente construída, após a morte de Marx, com o propósito de conferir caráter científico ao marxismo.

[16] Há vários debates a respeito do "darwinismo social". Considero que se trata de um ideologismo filosófico desprovido de conteúdo científico. Em outras palavras, trata-se de uma construção puramente conceitual que tem por objetivo apropriar-se de algumas ideias de Darwin para conferir caráter científico a determinadas concepções civilizacionais e raciais do século XIX e início do século XX. Embora

se dominante garante sua sobrevivência e sustento mediante a exploração da classe dominada dos trabalhadores. Em outras palavras, para que a classe dominante possa obter, digamos, uma quantidade *X* de riquezas, a classe dominada deve perder suas riquezas em quantidade idêntica.

Dentro do arcabouço teórico construído por Karl Marx e Friedrich Engels (1820-1895), a exploração começa com a afirmação do mais forte sobre o mais fraco, prossegue com o relacionamento entre senhores e escravos, aparece durante os séculos do feudalismo medieval por meio dos modos rígidos de interação entre senhores feudais e camponeses, e continua, no decorrer da modernidade política e econômica, na relação entre os trabalhadores explorados e os capitalistas, detentores da propriedade sobre os meios de produção. Enquanto mecanismos de exploração estiverem em funcionamento, o conflito será uma constante na história humana e a cooperação harmônica será impossível.

O problema da afirmação do mais forte sobre o mais fraco já é apresentado e discutido, por exemplo, por Thomas

---

concorde com a ideia de que aspectos estritamente evolutivos possam participar da origem de instituições sociais e culturais, rejeito por completo o argumento de que sociedades progridem por intermédio de um processo competitivo caracterizado por uma direção progressiva e propensa a juízos morais e ideológicos. Para utilizar o darwinismo no estudo de questões econômica e sociais, é necessário usar bom senso e ponderação. Estou de acordo com a colocação de Richard Dawkins de que *"a seleção darwinista é um processo muito particular e que demanda entendimento rigoroso"* (DAWKINS, Richard. "The Descent of Edward Wilson". *Prospect Magazine* (24 May 2012). Disponível em: <http://www.prospectmagazine.co.uk/magazine/edward-wilson-social-conquest-earth-evolutionary-errors-originspecies/>, acesso em 29/dez/2016).

Hobbes (1588-1679), que delineia, em sua metáfora sobre o Estado de Natureza, uma situação de insegurança completamente insustentável, na qual os indivíduos vivem uma existência *"solitária, pobre, desagradável, brutal e breve"*[17]. De acordo com Phyllis Doyle, Hobbes se baseou na concepção do teólogo francês João Calvino (1509-1564) a respeito da natureza humana (baseada na combinação da onipotência de Deus com a impotência do homem) para advogar a necessidade de um *"Estado absoluto com poder ilimitado sobre o indivíduo"*[18]. Minha interpretação, em franca oposição à postura de Doyle, é que Calvino e Hobbes podem ter convergido teologicamente em seus entendimentos acerca de temas como livre-arbítrio e predestinação, porém essa convergência manifestou-se, no galileano Hobbes, dentro de sua concepção orgânica e mecanicista das comunidades humanas – levando-o a empreender, mais do que uma defesa do absolutismo, uma reflexão acerca dos limites da liberdade – um tema que considero chave para entender o desenvolvimento do pensamento liberal na Modernidade.

Embora Hobbes seja interpretado corriqueiramente como um dos principais teóricos do Absolutismo, um defensor da abdicação das liberdades individuais em prol do Soberano, constituído por intermédio do acordo mútuo para ser o detentor

---

[17] HOBBES, Thomas. *Leviathan: Or, the Matter, Form, and Power of a Commonwealth Ecclesiastical and Civil.* London: John Bohn, 1839. p. 113. Nas palavras de Hobbes, por razões de sonoridade estética: *"[...] solitary, poor, nasty, brutish, and short"*.

[18] DOYLE, Phyllis. "The Contemporary Background of Hobbes' 'State of Nature'". *Economica*, Number 21 (December 1927): 336-55. Cit. p. 354.

do monopólio sobre o exercício da violência, posiciono-me ao lado de Gabriella Slomp com respeito à importância da relação entre os conceitos de movimento e poder no pensamento de Hobbes[19]. Mais especificamente, Slomp esclarece:

> Para Hobbes, todos os movimentos necessariamente desejam permanecer em movimento e resistem ao estado de repouso. O homem não é exceção. Assim, o homem hobbesiano deve - simplesmente por razões de necessidade natural – buscar "poder e mais poder". Seu comportamento não é motivado pelo desejo de subjugar todos os demais movimentos, mas pela física de sua condição: ele precisa esforçar-se para prologar seu próprio movimento (existência) e evitar o repuso (morte). Assim como a preservação do movimento é o objetivo de todos os movimentos, também a autopreservação é o objetivo do homem hobbesiano[20].

No estado original hobbesiano, todos os indivíduos se encontram em pé de igualdade. Pois, a despeito de suas diferenças, todos têm igualmente o poder de matar e estão constantemente vulneráveis a serem mortos. Suas diferenças (em capacidades, habilidades e assim por diante) só passam a ser relevantes após o surgimento da sociedade civil[21] (na ausên-

---

[19] SLOMP, Gabriella. "The Politics of Motion and the Motion of Politics". In: PROKHOVNIK, Raia & SLOMP, Gabriella (Eds.). *International Political Theory after Hobbes: Analysis, Interpretation and Orientation*. London: Palgrave Macmillan, 2011. p. 19-41.

[20] Idem. *Ibidem.*, p. 25-26.

[21] Idem. *Ibidem.*, p. 27.

cia da qual, acrescento, os indivíduos não podem manifestar livremente a expressão de suas diferenças, devido à situação de insegurança absoluta na qual se encontram). A partir da criação do Estado Soberano como *"Deus artificial"*, ou como expressão teológica correspondente à onipotência divina que se afirma sobre a impotência humana, a conclusão de que esse Estado Soberano deve afirmar seu poder absolutamente sobre os indivíduos é prematura. A necessidade de preservar o movimento (a luta pela sobrevivência) conduz à criação do Estado Soberano que têm, como única razão de ser, servir ao direito dos homens de buscarem a autopreservação (isto é, a relação que Hobbes identifica entre indivíduos e Estado Soberano é construtiva, e não impositiva)[22].

Ademais, conforme observa Slomp, embora o Estado Soberano hobbesiano emule os atributos teológicos do Deus cristão, Hobbes não prosseguiu pela linha de pensamento preponderante de sua época, a teoria do direito divino dos reis: *"Hobbes evitou esta abordagem em favor da tradição da lei natural, que vinha sendo empregada de maneira consistente por autores que tinham por objetivo limitar o poder do Estado"*[23]. Ao retirar a ênfase na convergência teológica entre Calvino e Hobbes e concentrar o foco sobre o mecanicismo galileano que influenciou Hobbes, juntamente com sua concepção do direito à autopreservação como um direito natural que ocupa um lugar central na fundamentação de sua teoria política, podemos concluir que, ao contrário da supressão dos indivíduos, a

---

[22] Idem. *Ibidem.*, p. 31.

[23] Idem. *Ibidem.*, p. 32.

teoria hobbesiana do Estado tem por objetivo servir aos indivíduos e permitir a expressão de suas diferenças.

Assim, se há uma questão subjacente ao pensamento de Hobbes, essa questão é: quais são os limites da liberdade humana? Ou: o que podemos fazer com nossa liberdade? Considero que o princípio ético que orienta Hobbes é sua versão negativa da regra de ouro: "*Não faças a outro aquilo que não desejarias que fizessem a ti*"[24]. Esse, a meu ver, é o elemento distintivo que permite considerar Hobbes como um dos primeiros teóricos modernos do conflito social a proporcionar uma solução de caráter liberal. Hobbes está preocupado em garantir o direito natural à autopreservação dos indivíduos. No Estado de Natureza hobbesiano, todos são iguais em sua capacidade de matar e de serem mortos. Todos são, também, detentores de uma liberdade ilimitada que inclui, obviamente, a liberdade para causar dano a outros indivíduos. É um estado no qual a total falta de limites entre indivíduos, o desconhecimento do que ocorre no foro íntimo dos demais e as assimetrias físicas naturais conduzem à impossibilidade de formular expectativas a respeito do comportamento dos outros. Trata-se de uma condição de insegurança absoluta, na qual nem sequer podemos falar em "interdependência

---

[24] HOBBES. *Leviathan. Op. cit.*, p. 144. A regra de ouro em sua versão negativa é pervasiva na obra de Thomas Hobbes, aparecendo não apenas no *Leviathan* [*Leviatã*], lançado originalmente em 1651, mas, também, nos livros *The Elements of Law Natural and Politic* [*Os Elementos da Lei Natural e Política*], de 1640, e *De Cive* [*Do Cidadão*], de 1642. Para uma discussão mais detalhada do papel desse princípio no pensamento de Hobbes, ver: VAUGHAN, Geoffrey M. *Behemoth Teaches Leviathan: Thomas Hobbes on Political Education*. New York: Lexington Books, 2002. p. 50-53.

estratégica", pois o cálculo estratégico é impossível diante da incapacidade de formular expectativas. Mais do que uma proposta, o contrato social hobbesiano é resultado inevitável de um processo mecânico impulsionado pelo desejo de autopreservação. O Estado Soberano, para Hobbes, não é um supressor das liberdades; é o garantidor da máxima expressão *possível* das liberdades humanas.

Por mais que seja tentador ampliar, aqui, a discussão a respeito do pensamento moral e político de Hobbes como um dos antecessores do constitucionalismo liberal, bem como do problema central dos limites da liberdade como pilar de sustentação das teorias liberais na Modernidade, o que importa enfatizar aqui, para meus propósitos imediatos, é a ideia de que as relações entre senhor e escravo, entre senhor feudal e camponês, entre burguês capitalista e proletário, assumindo seu caráter de conflito e sua natureza de exploração, são tão insustentáveis quanto a situação de insegurança presente no Estado de Natureza hobbesiano. Pois se substituímos a lei natural hobbesiana, que almeja garantir a expressão da máxima liberdade individual possível, por uma filosofia da história pautada por uma tensão ontológica fundamental entre coletividades, na verdade abdicamos de um ambiente social no qual os conflitos de interesses podem ser negociados (ou barganhados, para usar a terminologia de Thomas Schelling) e colocamos, em seu lugar, uma situação na qual as interações sociais perdem inclusive seu caráter de interdependência estratégica e se tornam relações meramente predatórias.

Sim, essa é exatamente a ideia que o marxismo prega. É também a partir daí que o marxismo deduz a insustentabilidade dessa situação para afirmar seu caráter teleológico. De fato, o Estado de Natureza hobbesiano é uma abstração teórica. Mas não é menos abstrata do que a "luta de classes" marxista – com a diferença que, se a proposta teórica de Hobbes nos direciona para uma solução barganhada[25], o marxismo nos conduz para um estado de instrumentalização humana insolúvel. Em outras palavras, o marxismo é a verdadeira teoria do *"homem como lobo do homem"*.

Não vivemos mais no mundo antigo ou feudal. A escravidão na Modernidade foi praticamente extinta – em grande parte, graças ao avanço do Liberalismo – e, se há lugares do mundo onde ainda persiste, trata-se exatamente das regiões onde as ideias da liberdade praticamente não conseguiram penetrar. Essas situações extremas de conflito social ficaram no passado e, conforme aprendemos tanto com Ludwig von Mises quanto com Hans-Hermann Hoppe neste volume, a ideia de que a tensão entre a "burguesia dominante" e os "trabalhadores explorados" é apenas mais uma expressão histórica da exploração do homem pelo homem enfrenta sérias dificuldades teóricas. Ademais, trata-se de uma ideia patentemente refutada pelos próprios desenvolvimentos históricos e dados empíricos[26].

---

[25] O que permite considerar Hobbes, além de um autor protoliberal, também como um dos pensadores fundamentais para o arcabouço conceitual da própria Teoria dos Jogos.

[26] A esse respeito, recomendo a leitura da obra: HAYEK, F. A. (Ed.). *Capitalism and the Historians*. London and New York: Routledge, 1954. Os autores que contribuíram para essa coletânea, além de mostrarem como os dados da realidade refutam as teses do historicismo marxista, mostram também como dados chegaram a ser distorcidos e falsificados com o propósito de sustentar a teoria marxista.

O ponto mais frágil da análise marxista da exploração é o elemento temporal. Além da valoração de um dado bem ser subjetiva, para um mesmo indivíduo o valor também se altera no tempo. Entre desfrutar de um determinado bem hoje ou do mesmo bem no futuro, há uma tendência a preferir o momento presente. Dentre as várias razões que podemos apontar para esse fato, destaco o elemento de incerteza associado ao futuro. Dado que um indivíduo não tem como saber, no momento anterior t_0 como o estado de coisas se apresentará no momento posterior t_1, se for possível escolher entre desfrutar do mesmo bem em t_0 ou t_1, espera-se que o indivíduo opte por t_0. Para que aceite desfrutar desse bem em t_1, o indivíduo em questão pode querer uma compensação. Em outras palavras, o valor tende a se depreciar no tempo.

A teoria marxista da exploração requer que o valor se mantenha ao longo do tempo. Não é o que acontece. Em um processo produtivo, aprendemos dos autores austríacos que o trabalhador recebe um pagamento antecipado pelo bem que está produzindo e que ainda não foi vendido no mercado. O risco associado à incerteza temporal, por sua vez, corresponde ao empreendedor. Em uma sociedade de livre mercado, onde empreendedores buscam satisfazer às demandas dos consumidores, não há transferência de riquezas da classe trabalhadora para a classe detentora dos meios de produção

---

Assim, além do problema teórico-metodológico denunciado pela Escola Austríaca desde seus primórdios – isto é, as inconsistências da abordagem historicista, desprovida de teoria econômica –, devemos acrescentar a prática sistemática de desinformação e manipulação de informações para criar um retrato falso da sociedade capitalista e avançar, assim, o argumento marxista.

segundo uma lógica de soma-zero. O que há, na verdade, é uma situação onde tanto trabalhadores quanto empreendedores podem auferir ganhos. Além disso, quanto maior for a possibilidade de explorar oportunidades de empreender, maior a chance de que todos se beneficiem. Assim, quanto menos obstáculos forem colocados contra o livre empreendedorismo, maiores são as chances de que a sociedade como um todo crie riquezas e possa prosperar.

II - A TRAGÉDIA DO CONFLITO SOCIAL

Uma das situações mais características de conflito de interesses é representada, na Teoria dos Jogos, por um jogo que não é de soma-zero. Trata-se do Dilema dos Prisioneiros, desenvolvido por Merrill Flood (1908-1991) e Melvin Dresher (1911-1992) quando trabalhavam na corporação RAND [*Research ANd Development*], em 1950.

A situação que esse jogo apresenta é a seguinte: dois indivíduos cometem um crime conjuntamente e são presos. Entretanto, a promotoria não tem provas suficientes para garantir a condenação desses sujeitos, então eles são mantidos em celas separadas e isoladas[27] até o dia do julgamento. Digamos que os prisioneiros são P1 e P2. Cada um deles recebe a proposta de trair (D) o cúmplice, testemunhando contra ele, ou então pode cooperar (C) com o cúmplice, ficando em

[27] Esta condição de isolamento, para evitar a comunicação entre os prisioneiros, é totalmente irrelevante, conforme veremos a seguir.

silêncio. Caso P1 e P2 optem pela traição, cada um deles ficará dois anos na prisão. Caso P1 traia P2 (e P2 coopere com P1), P1 será libertado e P2 ficará preso por 3 anos. Caso P2 traia P1 (e P1 coopere com P2), P2 será libertado e P1 será aprisionado por 3 anos. Caso os dois cooperem mutuamente, serão condenados por um crime menor e ficarão, ambos, apenas 1 ano na prisão. A situação do jogo é melhor visualizada em sua forma matricial:

	C	D
C	(1,1)	(3,0)
D	(0,3)	(2,2)

Na matriz acima, o prisioneiro P1 joga nas linhas e o prisioneiro P2 joga nas colunas. Os *payoffs* são lidos da seguinte forma: caso P1 jogue C (primeira linha) e P2 jogue D (segunda coluna), a entrada correspondente é (3,0) – o que significa que P1 ficará preso durante 3 anos e P2 ficará preso durante 0 anos (sairá livre).

Os prisioneiros não podem se comunicar. Caso pudessem, poderiam combinar a cooperação mútua. Nesse caso, ambos ficariam apenas um ano na prisão. Entretanto, os critérios de racionalidade indicam que a única "solução" para esse jogo é a não-cooperação (traição) recíproca. Na hora do julgamento, os prisioneiros acabam testemunhando um contra o outro e, como resultado, ficam dois anos na prisão. Não é difícil entender o motivo. Enquanto indivíduos, cada um está buscando evitar o pior resultado (ficar na prisão por 3 anos) e conseguir o melhor resultado (ser solto). Mesmo que a cooperação mútua seja atraente, afinal de contas ficar apenas um ano na prisão é melhor do que ficar dois anos, o risco de cooperar e ser traído (que leva ao pior resultado) deve ser evitado. Trair, ademais, é a opção que pode proporcionar o melhor resultado (caso o outro coopere). Assim, ambos são levados – tragicamente – à traição.

Caso os prisioneiros pudessem se comunicar, é tentador pensar que optariam pela cooperação mútua e que honrariam esse acordo. No entanto, fatalmente trairão. Ora, se o jogador P1 acreditar que o jogador P2 pretende cooperar, a jogada que lhe proporciona o melhor resultado é trair. Afinal de contas, nessa situação, P1 seria libertado. Observe que P1 não faz isso para prejudicar P2. Ele apenas está buscando melhorar a própria situação. Só que P2 pensa da mesma forma (pois assumimos que os dois jogadores são racionais). Assim, novamente o jogo conduzirá para a traição recíproca.

O Dilema dos Prisioneiros se encontra também em uma situação descrita pelo ecologista Garrett Hardin (1915-2003) como a Tragédia dos Comuns[28]. Trata-se de uma pastagem considerada, por hipótese, comum, isto é, compartilhada por vários criadores de ovelhas. Supondo que os criadores são indivíduos racionais, e que cada um aufere todo o ganho correspondente a cada animal adicional, o incentivo racional indica que se deve aumentar o rebanho. Só que cada animal adicional, embora proporcione a totalidade do benefício para

[28] HARDIN, Garrett. "The Tragedy of the Commons". *Science*, Volume 162, Number 3859 (December 1968): 1243-48.

seu pastor, faz com que a pastagem, como um todo, seja ligeiramente mais degradada (e esse custo é compartilhado por todos). Como todos tentam auferir o máximo de ganhos que for possível e de maneira rápida (já que o valor se deprecia no tempo), a pastagem se esgota e todos acabam falindo.

Embora o Dilema dos Prisioneiros date de 1950 e a Tragédia dos Comuns tenha sido proposta por Hardin apenas em 1968, décadas antes desses desenvolvimentos teóricos Mises já tinha antecipado o problema associado à tendência de desejarmos obter os melhores resultados no *menor tempo possível*. Quando Mises discute a importância de distinguir entre curto prazo e longo prazo, observa que:

> No curto prazo, uma pessoa ou um grupo podem beneficiar-se da violação dos interesses individuais ou coletivos. Porém, em longo prazo, essa violação prejudicará seus interesses egoístas na mesma proporção dos que haviam causado dano. O sacrifício que um homem ou um grupo faz ao renunciar a benefícios de curto prazo, para não ameaçarem as formas pacíficas da cooperação social, é temporário. Significa uma renúncia a um lucro pequeno e imediato em benefício de vantagens incomparavelmente melhores em longo prazo[29].

O problema do valor no tempo é o que derruba o castelo de cartas teórico de Marx e seus seguidores. Poderíamos pensar que esse mesmo problema também afeta negativamente

---

[29] Na presente edição, ver: "O conflito de interesses entre diferentes grupos sociais". p. 80.

a lógica da ação humana – dado que toda ação humana é racional. No caso do Dilema dos Prisioneiros, a suposição de racionalidade pressiona para tentar obter o melhor resultado no curto prazo (a liberdade), porém isso acaba levando a uma situação pior (prisão por dois anos) do que a alternativa "irracional" (prisão por apenas um ano). Nessa situação, o sacrifício por renunciar a um benefício esperado no curto prazo (que nunca seria concretizado) poderia conduzir a um benefício mais concreto no longo prazo. No caso da Tragédia dos Comuns, a solução não é o estabelecimento de um controle externo (intervenção governamental, por exemplo) sobre a pastagem – que levaria inevitavelmente a uma utilização ineficiente dos recursos. A saída dessa situação trágica de conflito social é a possibilidade de negociação e cooperação entre os pastores, que percebem que a renúncia a ganhos imediatos pode proporcionar benefícios melhores no longo prazo.

III - Razão, racionalidade, prosperidade

Na seção anterior, apresentei alguns elementos centrais da Teoria dos Jogos e retomei a ideia, desenvolvida neste volume, de que um dos principais erros do pensamento marxista é a percepção de que as relações econômicas entre indivíduos na sociedade se caracterizam por jogos de soma-zero. Nesta seção, aprofundarei minha crítica ao coletivismo[30], que sujei-

[30] Prefiro empregar o termo "coletivismo", que é em grande parte inspirado pelas ideias marxistas, mas que não se limita a elas.

ta o bem-estar dos indivíduos ao bem-estar da sociedade mediante mecanismos impositivos – instrumentalizando, assim, a pessoa humana para propósitos de engenharia social.

A primeira observação que deve ser feita é que o papel da economia não se resume a proporcionar orientações a respeito de como alocar melhor os recursos disponíveis. Trata-se, também, de investigar acerca de quais são as melhores condições para que os indivíduos que compõem a sociedade possam produzir mais riquezas e proporcionar, assim, desenvolvimento e prosperidade.

Aprendemos, de Ludwig von Mises, que o fracasso do capitalismo não passa de um mito. Mises analisa como práticas intervencionistas, implementadas com o pretexto de evitar crises econômicas e sociais, terminam por criar e inclusive aprofundar essas crises. A economia de livre mercado, em contraste, fundamenta-se na ideia de que a liberdade para empreender transações permite a todos melhorarem suas situações. Quando um indivíduo *age*, busca sair de uma situação de menor satisfação para outra de maior satisfação (por isso toda ação humana é racional). Quando indivíduos *interagem*, entretanto, pode haver conflitos de interesses e conflitos sociais. Ademais, o *Homo agens* misesiano é racional e percebe que o valor se deprecia no tempo. Como garantir, então, que as interações sociais entre indivíduos livres não conduzam a sociedade, como um todo, à situação descrita na Tragédia dos Comuns?

Vimos, na seção anterior, que o próprio Mises adota uma posição cuidadosamente ponderada a respeito da avaliação do curto prazo e do longo prazo. Mesmo que o mais *racional* (no sentido mais convencional) seja sempre buscar a maximização da utilidade no menor tempo possível, nem sempre isso é o mais *razoável*. Por mais que seja tentador empregar uma definição formal de racionalidade e estudar as interações humanas com a conveniência do arsenal matemático da Teoria dos Jogos, por exemplo, Mises e outros autores austríacos sempre tiveram consciência a respeito da importância de não perder uma concepção mais robusta de racionalidade (não apenas instrumental, não meramente um artifício do cálculo diferencial, mas algo que compreenda, ademais, a ideia de razoabilidade).

De acordo com o sociólogo Milan Zafirovski, ao longo da Modernidade a conceitualização tradicional de racionalidade (associada, por exemplo, ao Iluminismo Escocês) passou por várias transformações, cada vez mais reducionistas, até o entendimento atual de "racionalidade como maximização de uma função-utilidade"[31]. De acordo com esse autor, a racionalidade degenerou de um conceito rico, holístico e complexo para um entendimento pobre, instrumental e simplista:

> De forma resumida, a "racionalidade" começou, dentro da economia, como um conceito sócio-econômico holístico, rico e complexo, baseado na ideia do Iluminismo de razão humana, na economia política clássica, e então foi reduzida ao utilitarismo até se dissolver em puro instrumentalismo econômico [...][32].

---

[31] Ver: ZAFIROVSKI, Milan. "Classical and Neoclassical Conceptions of Rationality – Findings of an Exploratory Survey". *The Journal of Socio-Economics*, Volume 37, Number 2 (April 2008): 789-820.

[32] Idem. *Ibidem.*, p. 791.

Para uma discussão detalhada a respeito da evolução do conceito de racionalidade na economia, remeto o leitor ao artigo de Zafirovski. Para meus propósitos, destaco que esse autor se mostra ligeiramente surpreso com a postura de Adam Smith (1723-1790) em sua obra *The Theory of Moral Sentiments* [*Teoria dos Sentimentos Morais*], de 1759. Para Adam Smith, ser racional é indissociável de um arcabouço, ou melhor, de uma *arquitetura* moral adequada:

> O homem sábio e virtuoso está, a todo e qualquer momento, predisposto a que seu próprio interesse privado deva ser sacrificado para o interesse público a respeito de sua própria ordem particular ou sociedade. Também deseja a todo momento que o interesse desta ordem ou sociedade deva ser sacrificado em nome do interesse maior do Estado ou da soberania, do qual não passa de uma parte subordinada. Ele deve, portanto, estar igualmente propenso a que todos aqueles interesses inferiores devam ser sacrificados em prol do interesse maior do universo, ao interesse daquela grande sociedade de todos os seres sensíveis e inteligentes, que são imediatamente administrados e dirigidos pelo próprio Deus[33].

Milan Zafirovski também observa que Adam Smith sugere que a pessoa racional (sábia) e moral (virtuosa) é orientada muito mais pelo altruísmo do que pelo egoísmo[34].

---

[33] SMITH, Adam. *The Theory of Moral Sentiments*. Cambridge: Cambridge University Press, 2004. p. 277.

[34] ZAFIROVSKI. Classical and Neoclassical Conceptions of Rationality. p. 794.

O fato é que o pensamento de autores como Ludwig von Mises e como F. A. Hayek (1899-1992) se encontra muito mais conectado aos ideais iluministas de liberdade, igualdade e justiça de Adam Smith do que à instrumentalização utilitarista que conduz à concepção plana de racionalidade como maximização de utilidade ou, no limite, como um processo de "derivar e igualar a zero". Isso não fica claro somente a partir do conjunto da obra de Mises e Hayek[35], mas também no tratamento filosófico e conceitualmente robusto que esses autores dedicam aos temas econômicos. A discussão de Mises, neste volume, a respeito da importância de levar em consideração o longo prazo, e não apenas a consecução de interesses imediatos, é apenas um exemplo pontual dessa posição.

É por esse motivo que a Escola Austríaca não é apenas mais uma corrente de pensamento dentro da Economia. É por isso, também, que criticá-la a partir de uma lente metodológica reducionista ou de uma posição exacerbadamente cientificista simplesmente leva a errar o alvo. Há mais, na ação humana, do que o comportamento racional limitado à satisfação de desejos imediatos. Somos movidos, também, pela responsabilidade de construir, por intermédio de nossas ações, uma sociedade livre e virtuosa. O pensamento austríaco não é simplesmente algo que brota da mente de Carl Menger (1840-1921) em algum momento no final do século XIX e passa, a

[35] Ver, por exemplo: MISES, Ludwig von. *Liberalismo: Segundo a Tradição Clássica*. Preâmbulo de Louis M. Spadaro; prefs. Thomas Woods & Bettina Bien Greaves; trad. Haydn Coutinho Pimenta. São Paulo: Instituto Ludwig von Mises Brasil, 2010; HAYEK, F. A. *The Constitution of Liberty*. Chicago: University of Chicago Press, 2011.

partir daí, a se desenvolver como uma corrente da teoria econômica entre muitas outras, a ser avaliada comparativamente e de acordo com suas propostas e resultados. Tratá-la dessa maneira seria superficial e simplista. A Escola Austríaca, tal como sua própria concepção do mercado, também é um processo – movido não somente pela genialidade dos autores que a elaboram, mas principalmente pela robustez das ideias que a respaldam. Na perspectiva austríaca, razão, racionalidade e prosperidade formam uma tríade que emerge de uma sólida tradição de pensamento moral e que se projeta na direção da consecução da potencialidade máxima do ser humano: isto é, a capacidade de manter relações e interações sociais pautadas pela liberdade, justiça, honradez e busca incansável pela verdade.

Quando indivíduos perseguem os próprios interesses de maneira predatória, o resultado incontornável é a má utilização dos recursos e a possível Tragédia dos Comuns. A partir do momento em que adquirimos consciência de nosso papel e responsabilidade enquanto indivíduos livres, não abdicamos de buscar nossa satisfação, mas podemos conduzir a sociedade na direção da melhor alocação de recursos e no caminho da geração de riquezas e de bem-estar. Ao mesmo tempo, as interações humanas na sociedade não conseguem se eximir da incerteza, criando assim uma rede complexa de dependências de interdependências. Não temos meramente a passagem de um jogo estático para outro jogo estático. Ações humanas apresentam caráter subjetivo e não podem ser meramente reduzidas aos conceitos de "conflito" e "cooperação".

IV - A POLÍTICA DA PRUDÊNCIA, A PRUDÊNCIA DA POLÍTICA

Tanto biológica como socialmente, apresentamos propensão tanto para o conflito, quanto para a cooperação. Isso significa que as relações entre os povos enquanto comunidades políticas exigem prudência com relação a ameaças existenciais. Se o Estado Soberano hobbesiano, conforme apresentei na primeira seção, tem por propósito servir aos indivíduos, que almejam assegurar seu direito natural à autopreservação, isso compreende a possibilidade de recorrer a mecanismos de defesa tanto internos (quando as ameaças emergem a partir da própria comunidade) quanto externos (quando as ameaças vêm do ambiente externo). Ao mesmo tempo, Hobbes identifica a busca da paz como sendo a lei fundamental da natureza, o que envolve, quando necessário, recorrer a todos os meios disponíveis para conseguir defender-se de ameaças[36].

Por isso, é importante distinguir entre a paz como ideal e a paz como ideologia. O ponto de partida é a estreita ligação entre o estudo das dinâmicas do poder entre as nações e o estabelecimento de relações normativas entre elas. Há uma indissociabilidade entre a Política Internacional e o Direito – e, desde tempos antigos, tentativas de normatizar as relações entre os povos. Há registros de negociações diplomáticas já na Suméria[37]. Contudo, uma abordagem meramente

---

[36] HOBBES. *Leviathan*. *Op. cit.*, p. 117.

[37] Ver, por exemplo: LAFONT, Bertrand. "International Relations in the Ancient Near East: The Birth of a Complete Diplomatic System". *Diplomacy & Statecraft*, Volume 12, Number 1 (2001): 39-60; SHARLACH, T. M. "Diplomacy and the

jurídica e normativa é insuficiente para estudar as relações entre as nações, dado que é necessário levar em consideração, também, o elemento intersubjetivo presente nas relações de interdependência estratégica da vida política.

Podemos compreender a paz, em termos gerais – e suficientes para meus propósitos aqui – como a possibilidade de estabelecer relações harmônicas de cooperação entre indivíduos e comunidades. Quando temos a paz como ideal (ou seja, quando buscamos construir relações pacíficas e dedicamos nossos esforços a isso), abrimos caminho para a realização de intercâmbios (não somente comerciais) que promovem benefícios para todas as partes envolvidas. Em contraste, partir de uma concepção definida de como o mundo deveria ser, e tentar impor essa visão aos demais como o único caminho para alcançar a paz é uma atitude ideológica.

A paz apresentada através de uma lente ideológica contém, obviamente, um elemento prescritivo que se coloca como obstáculo ao diálogo voluntário e à possibilidade de livre harmonização de interesses. Enquanto a paz como ideal move o ser humano da aspiração à construção – a partir do reconhecimento, no semelhante, da capacidade de trabalhar em conjunto para concretizar esse ideal, a paz como ideologia instrumentaliza os indivíduos para fins de engenharia social.

No interior de uma dada comunidade, quanto mais transparentes forem as interações humanas em um ambiente competitivo, e quanto menor a apropriação equivocada de

---

Rituals of Politics at the Ur III Court". *Journal of Cuneiform Studies*, Volume 57 (2005): 17-29.

recursos e de produtos por parte do governo e das elites econômicas e financeiras a ele associadas, maior será a possibilidade de avançar a harmonia e a cooperação social (isto é, estabelecer relações pacíficas). Ademais, a partir da competição limpa e honesta em um ambiente capitalista de livre mercado, promove-se o enriquecimento da sociedade, a prosperidade e a harmonia; a imposição da força estatal sobre o mercado, que coloca entraves à livre concorrência e que favorece o poder econômico, muitas vezes para atingir objetivos meramente políticos, resulta na exploração e na desarmonia.

No plano externo, ou no meio internacional anárquico (para utilizar o jargão da área de Relações Internacionais), o jogo político envolve, necessariamente, tentar obter informação dos outros, esconder a própria informação e, em certas situações, criar e difundir desinformação com o propósito de manipular as expectativas racionais dos demais jogadores[38]. Não faço, aqui, juízo de valor a respeito de tais práticas; limito-me a descrever a política internacional tal como ela é. Só para citar um exemplo, o historiador, sociólogo e cientista político Jeffrey Herf publicou, em 2009, o livro *Nazi Propaganda for the Arab World*[39] [*Propaganda Nazista para o Mundo Árabe*],

---

[38] Ver, a esse respeito: JELEN, George F. "The Defensive Disciplines of Intelligence". *International Journal of Intelligence and CounterIntelligence*, Volume 5, Number 4 (1991): 381-99; SHULTZ, Richard H. & GODSON, Roy. *Desinformação: Medidas Ativas na Estratégia Soviética*. Rio de Janeiro: Nórdica, 1984; BITTMAN, Ladislav. "Soviet Bloc 'Disinformation' and Other 'Active Measures'". In: PFALTZGRAFF Jr., Robert L.; RA'ANAN, Uri & MILBERG, Warren (Eds.). *Intelligence Policy and National Security*. London: Macmillan, 1981. p. 212-28.

[39] HERF, Jeffrey. *Nazi Propaganda for the Arab World*. New Haven & London: Yale University Press, 2009.

no qual analisa a intensa política de propaganda nazista no Oriente Médio, que contribuiu para construir uma imagem negativa dos judeus tanto no mundo árabe quanto na Europa, com efeitos que perduram até os dias de hoje. Mais recentemente, o professor Herf publicou *Undeclared Wars with Israel: East Germany and the West German Far Left, 1967-1989*[40] [*Guerras Clandestinas Contra Israel: Alemanha Oriental e a Extrema-Esquerda da Alemanha Ocidental, 1967-1989*[41]]. Nesse livro, por intermédio de uma pesquisa bem documentada e baseada em evidências coletadas em arquivos, o autor expõe como políticas de propaganda e de ativismo gestadas na Alemanha Oriental e também em organizações de extrema-esquerda situadas na Alemanha Ocidental contribuíram para construir e fortalecer uma oposição à própria existência do Estado de Israel. Herf aponta que, além dos esforços de propaganda, a Alemanha Oriental e as organizações de esquerda sediadas na Alemanha Ocidental também proporcionaram treinamento militar, cooperação entre serviços secretos e fornecimento de armas para os Estados árabes e organizações terroristas palestinas.

Em outras palavras, se devemos atentar para a importância da política da prudência que se contrapõe à militância ideológica que instrumentaliza os indivíduos para fins de

---

[40] HERF, Jeffrey. *Undeclared Wars with Israel: East Germany and the West German Far Left, 1967-1989*. Cambridge: Cambridge University Press, 2016.

[41] O termo "*undeclared wars*" pode ser traduzido tanto por "guerras não declaradas" quanto por "guerras clandestinas". Optei pela segunda alternativa devido à natureza – clandestina – das operações de disseminação de propaganda e desinformação.

controle político e social[42], nas relações internacionais a prudência da política requer a busca contínua por informações confiáveis e o combate incansável da desinformação.

Para Ludwig von Mises, os fluxos migratórios representam alocação de recursos humanos para regiões onde há mais e melhores oportunidades de trabalho. Isso não está errado. No entanto, Mises viveu em um mundo mais simples que nossa realidade contemporânea e não estava mais entre nós quando os efeitos das campanhas de desinformação sistemática e outras "medidas ativas" começaram a se fazer notar. Hoje presenciamos, corriqueiramente, distorções nas informações que a grande mídia transmite por todo o globo. A falsificação e manipulação deliberada de notícias permeia as redes sociais. Assim, por mais que sejamos orientados pela paz como ideal, e por mais que tenhamos embasamento teórico e empírico suficiente para defender a ideia de que fomentar relações econômicas e comerciais harmoniosas entre as nações contribui para um mundo mais pacífico, isso não é condição suficiente para atingir a pacificação universal ou para o estabelecimento de um "paraíso kantiano"[43] composto por uma só humanidade vivendo sob o imperativo moral da regra de ouro positiva. Mais propriamente, considero que a versão

---

[42] Ver: KIRK, Russell. *A Política da Prudência*. Apres. Alex Catharino; intr. Mark C. Henrie; trad. Gustavo Santos e Márcia Xavier de Brito. São Paulo: É Realizações, 2013.

[43] Refiro-me, aqui, à descrição que Robert Kagan faz da Europa contemporânea, em contraste com a América que opera, ainda, sob uma lógica hobbesiana. Ver: KAGAN, Robert. *Of Paradise and Power: America and Europe in the New World Order*. New York: Random House, 2004.

hobbesiana da regra de ouro se mostra mais adequada para sustentar a possibilidade de expressar a liberdade em um ambiente político que requer prudência.

Com respeito aos fenômenos migratórios contemporâneos, é necessário destacar ao menos três aspectos: (1) há pessoas e famílias que precisam de ajuda para reconstruir a vida depois de saírem de regiões assoladas por conflitos violentos; (2) há indivíduos que decidem buscar melhores oportunidades de vida em ambientes que não oferecem, necessariamente, melhores oportunidades de trabalho, mas sim melhores chances de assistencialismo; (3) há questões de segurança que não podem ser simplesmente ignoradas, diante da intensidade dos fluxos migratórios e da dificuldade para diferenciar entre quem está legitimamente buscando refúgio e quem está se infiltrando em outra nação com o propósito de cometer atos ilegais ou mesmo de terrorismo.

No mundo de hoje, a imigração também permite atingir benefícios mútuos, desde que não descuidemos da prudência da política. Acolher refugiados em necessidade é um ato louvável de caridade; porém, controles de segurança são necessários. Integrá-los de maneira responsável envolve, também, não abrir mão dos próprios valores e identidades culturais em favor da ideologia do multiculturalismo relativista (novamente, a política da prudência e a prudência da política se encontram).

Tanto Mises quanto Hayek defendiam com entusiasmo o livre comércio, a mobilidade de pessoas e a maior integração econômica entre os povos. No entanto, como boas testemunhas históricas da capacidade do totalitarismo e do coletivismo para causar danos em larga escala, tendo vivido os horrores do Nazismo e as perversões do Comunismo, eles não foram tão longe a ponto de sugerir a extinção dos Estados e das nações em nome da construção de "uma única comunidade humana"[44]. Os seguidores entusiasmados das ideias desses dois gigantes do pensamento austríaco deveriam aprender mais a partir de seus exemplos.

[44] A esse respeito, ver os capítulos sobre Mises e Hayek em: HAAR, Edwin van de. *Classical Liberalism and International Relations Theory: Hume, Smith, Mises, and Hayek*. New York: Palgrave Macmillan, 2009.

Índice Remissivo e Onomástico

D

E

F

K

L

M

N

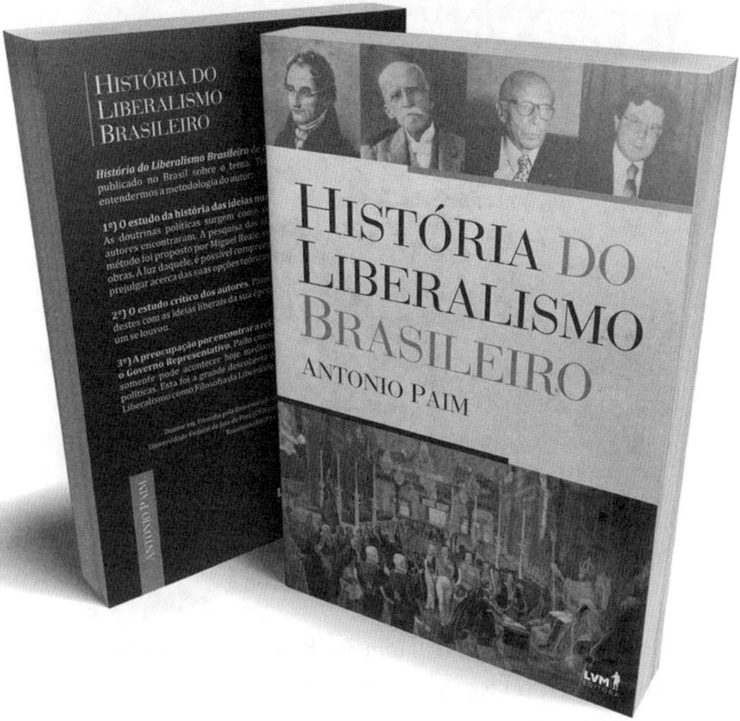

A trajetória pessoal e o vasto conhecimento teórico que acumulou sobre as diferentes vertentes do liberalismo e de outras correntes políticas, bem como os estudos que realizou sobre o pensamento brasileiro e sobre a história pátria, colocam Antonio Paim na posição de ser o estudioso mais qualificado para escrever a presente obra. O livro *História do Liberalismo Brasileiro* é um relato completo do desenvolvimento desta corrente política e econômica em nosso país, desde o século XVIII até o presente. Nesta edição foram publicados, também, um prefácio de Alex Catharino, sobre a biografia intelectual de Antonio Paim, e um posfácio de Marcel van Hattem, no qual se discute a influência do pensamento liberal nos mais recentes acontecimentos políticos do Brasil.

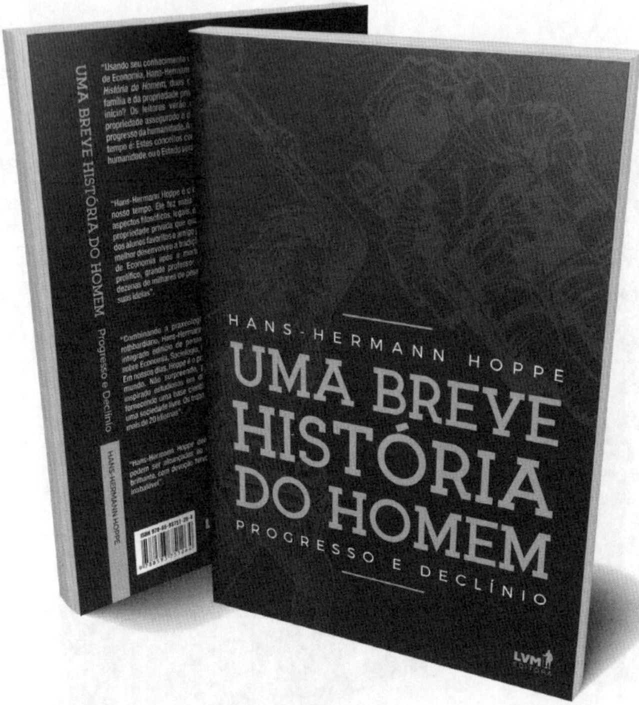

Uma Breve História do Homem: Progresso e Declínio de Hans-Hermann Hoppe, em um primeiro momento, narra as origens e os desenvolvimentos da propriedade privada e da família, desde o início da Revolução Agrícola, há aproximadamente onze mil anos, até o final do século XIX. O surgimento da Revolução Industrial há duzentos anos e análise de como esta libertou a humanidade ao possibilitar que o crescimento populacional não ameaçasse mais os meios de subsistência disponíveis são os objetos da segunda parte. Por fim, no terceiro e último capítulo, o autor desvenda a gênese e a evolução do Estado moderno como uma instituição com o poder monopolístico de legislar e de cobrar impostos em determinado território, relatando a transformação do Estado monárquico, com os reis "absolutos", no Estado democrático, com o povo "absoluto".

Visando cumprir parte da missão almejada pela LVM Editora de publicar obras de renomados autores brasileiros e estrangeiros nas áreas de Filosofia, História, Ciências Sociais e Economia, a Coleção Protoaustríacos lançará em português inúmeros trabalhos de teólogos, filósofos, historiadores, juristas, cientistas sociais e economista que influenciaram ou anteciparam os ensinamentos da Escola Austríaca Economia, além de estudos contemporâneos acerca dos autores que, entre a Idade Média e o século XIX, ofereceram bases para o pensamento desta importante vertente do liberalismo.

A presente obra é uma apresentação histórica das contribuições teóricas de diversos autores considerados precursores da Escola Austríaca de Economia. Em doze capítulos são apresentas a biografia, as principais ideias e as contribuições específicas de determinados pensadores à tradição austríaca. Iniciando com os teólogos pós-escolásticos, especialmente Juan de Mariana, o livro analisa o pensamento, dentre outros, de Richard Cantillon, de Jean-Baptiste Say, de Frédéric Bastiat, de Hermann Heinrich Gossen, de Gustave de Molinari e de Carl Menger. O livro poussui uma nota editorial de Alex Catharino, um prefácio de Fabio Barbieri, um proêmio de Claudio A. Téllez-Zepeda e um posfácio de José Manuel Moreira.

Ludwig von Mises
AS SEIS LIÇÕES
PARA HOJE E AMANHÃ
LVM EDITORA
Intervencionismo
Caos Planejado
A Mentalidade Anticapitalista
O Cálculo Econômico em uma Comunidade Socialista
Lucros e Perdas
O Conflito de Interesses e Outros Ensaios
O Contexto Histórico da Escola Austríaca de Economia
As Seis Lições

O Contexto Histórico da Escola Austríaca de Economia foi último livro publicado por Ludwig von Mises. A obra apresenta de modo didático a importância de Carl Menger, de Eugen von Böhm-Bawerk e de Friedrich von Wieser na formação da Escola Austríaca de Economia, o conflito desta com a Escola Historicista Alemã e o papel dos economistas austríacos no desenvolvimento da Ciência Econômica. Nesta edição foram inclusos uma apresentação de Fritz Machlup, uma introdução de Llewellyn H. Rockwell Jr., um prefácio de José Manuel Moreira e um posfácio de Joseph T. Salerno.

Lucros e Perdas é conferência ministrada em 1951 por Ludwig von Mises, no encontro da Mont Pelerin Society, realizado na França. Dentre os temas abordados estão a natureza econômica dos lucros e das perdas, a condenação dos lucros com a proposta de abolição dos mesmos, e a alternativa oferecida pelo livre mercado. O livro reúne também um ensaio do autor sobre a questão da igualdade e da desigualdade. Nesta edição foram inclusos uma apresentação de Jim Powell, uma introdução de Robert A. Sirico, um prefácio de Antony Mueller e um posfácio de Hans-Hermann Hoppe.

Acompanhe a LVM Editora nas Redes Sociais

https://www.facebook.com/LVMeditora/

https://www.instagram.com/lvmeditora/

Esta obra foi composta pela Spress
em Fournier (texto) e Caviar Dreams (título)
e impressa pela Geográfica para a LVM em dezembro de 2018.